龙门石窟

一

龙门文物保管所
北京大学考古系 编

文物出版社

《中国石窟·龙门石窟》编委会

中国

夏鼐
宿白
金维诺

日本

长广敏雄
冈崎敬
邓健吾

图版目录

1　龙门西山石窟群　莲花洞老龙洞附近外景

2　龙门西山石窟全景

3 龙门西山宾阳洞附近石窟群外景

4 宾阳洞外景

5　宾阳中洞　窟口南侧石柱　局部

6　宾阳中洞　窟口外北侧　金刚力士像

7　宾阳中洞　正壁　坐佛像

8 宾阳中洞 西南隅内景

9 宾阳中洞 西北隅内景

11　宾阳中洞　正壁右侧　菩萨像　局部　　　　　　　12　宾阳中洞　正壁右侧　阿难像　局部

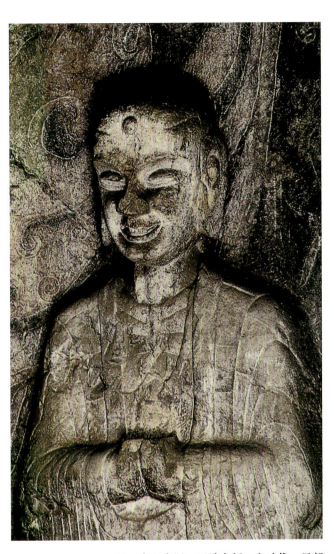 

13 宾阳中洞　正壁左侧　迦叶像　局部　　　　　14 宾阳中洞　正壁左侧　菩萨像　局部

17 宾阳中洞 南壁 立像 ▶

15 宾阳中洞 正壁右侧下部 供养天人像

16 宾阳中洞 正壁佛座右侧 狮子

20 宾阳中洞　北壁　立佛像　局部

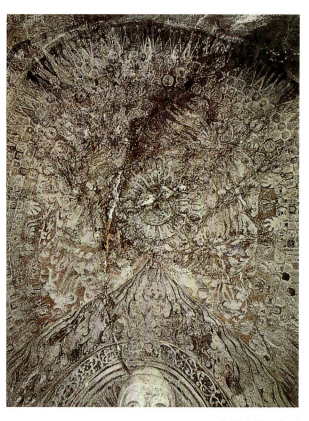

21 宾阳中洞　北壁内侧上部　供养天人像

22 宾阳中洞　窟顶

23 宾阳中洞　前壁北侧　萨埵那太子本生

24 宾阳中洞　窟顶　飞天(一)

25 宾阳中洞　窟顶　飞天(二)

26 宾阳中洞 窟顶 飞天(三)

27 宾阳中洞 窟顶 飞天(四)

28 宾阳中洞 窟口通道北侧 供养菩萨与帝释天像

29 宾阳中洞 窟口通道南侧 供养菩萨与梵天像

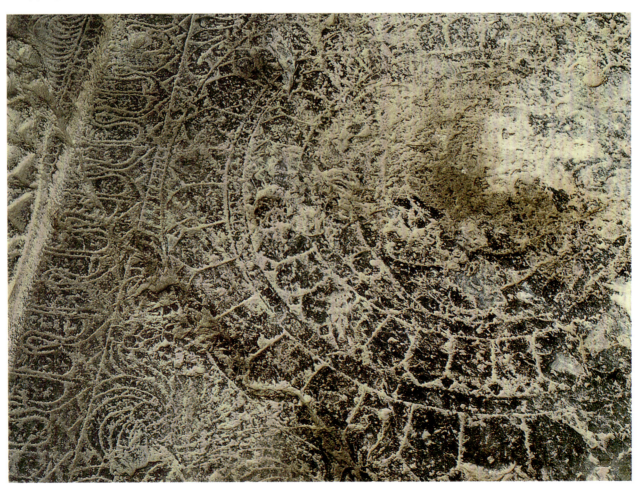

30 宾阳中洞 地面 莲花纹图案

32　宾阳南洞　窟顶

33　宾阳南洞　窟顶　飞天（一）

34　宾阳南洞　窟顶　飞天（二）

35 龙门西山石窟群 莲花洞附近外景

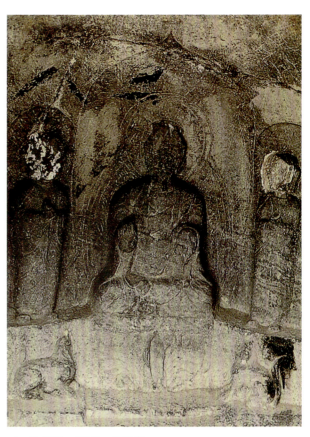

36 汴州洞 窟口外南側 小龕   37 汴州洞 正壁 坐佛像

38 汴州洞 北壁 佛龕 五尊像

39 汴州洞 北壁 佛龛右侧 供养人像

40　慈香洞　外壁　佛龕群

41　慈香洞　外壁南側下部　小龕

43 慈香洞 窟顶 飞天

44 慈香洞 正壁左侧上部 维摩诘像

46 莲花洞 外壁前方下部 佛塔

47 莲花洞 窟口上部 尖拱楣雕饰

49　莲花洞　正壁右侧　菩萨像

51　莲花洞　南壁　佛龛群

52 莲花洞 南壁中央 佛龛 坐佛像

53　莲花洞　南壁外侧下部　佛龛　坐佛像

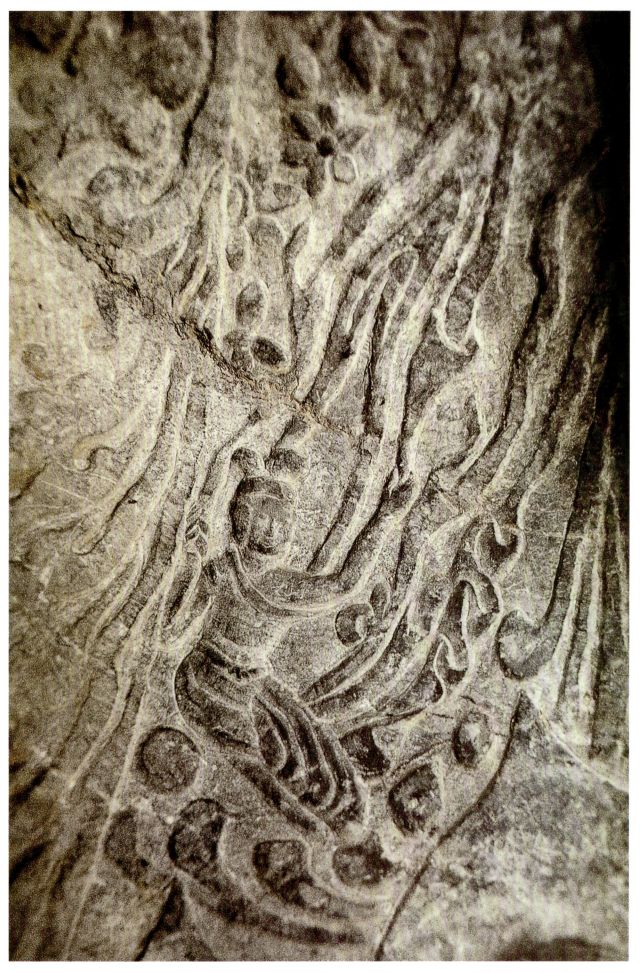

54　莲花洞　南壁外侧下部　佛龛内　飞天

55 莲花洞　南壁外侧下部　佛龛龛外雕饰

56　莲花洞　南壁中央下部　佛龛　坐佛像

58 莲花洞 南壁中央下部 佛龛龛楣 飞天

59 莲花洞 南壁中央下部 佛龛龛基 供养人列像

61 蓮花洞 北壁内側上部 佛龕 坐佛像

62 莲花洞 北壁内侧上部 佛龛龛楣雕饰

63 莲花洞 北壁外侧上部 小龛

64　蓮花洞　北壁内側下部　宋景妃造像龕

65 莲花洞 窟顶 莲花雕饰

66 莲花洞 窟顶 飞天

67 弥勒洞北二洞 正壁 坐佛像

68 弥勒洞北二洞 北壁 佛龛内 维摩诘像

69 弥勒洞北二洞 窟顶 飞天(一)

70 弥勒洞北二洞 窟顶 飞天(二)

71 弥勒洞　南壁　供养人像

72 弥勒洞　北壁　供养人列像

73 从石牛溪豁口眺望东山远景

75　普泰洞　正壁　五尊像

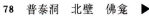

78 普泰洞 北壁 佛龕 ▶

77 普泰洞 南壁 小龕

79　普泰洞　北壁　佛龕右側　涅槃像特写

◀ **81** 弥勒龛　正壁　交脚菩萨像

82 弥勒龛　正壁　交脚菩萨像　背光　局部

83 弥勒龛　龛顶　伎乐天　特写

84　龙门西山石窟群　唐字洞附近外景

85　魏字洞　正壁　五尊像

87　魏字洞　正壁右側　菩薩像

88 魏字洞 正壁左側 菩薩像

90 魏字洞 南壁 佛龕龛楣左侧 飞天

94　魏字洞　北壁内側下部　小龕

95　魏字洞　窟頂

98 药方洞 正壁 坐佛像背光 局部

99 药方洞 南壁 佛龛 坐佛像

100 药方洞 南壁左侧上部 陈氏造像小龛

103　药方洞　北壁　释迦多宝像龛龛楣　文殊像　特写

104　药方洞　北壁上部　佛塔　特写

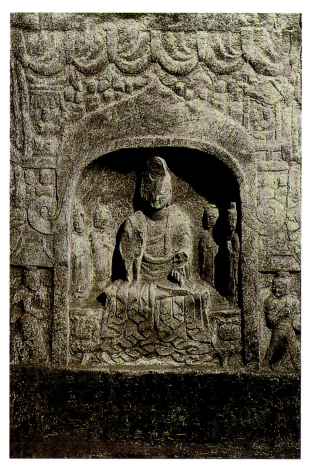

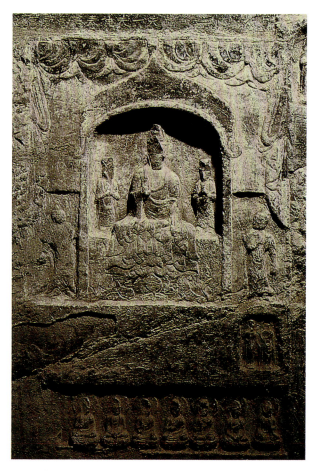

105　药方洞　前壁北侧　小龛　　　　　　　　106　药方洞　前壁北侧　小龛

107　药方洞　窟口通道北侧　小龛

108 天统洞 正壁 坐佛像

109 天统洞　正壁左侧　菩萨像

110　天统洞　南壁　佛龛内　迦叶像

111　天统洞　北壁　小龛

112　天统洞　南壁下部　小龛

113　天统洞　北壁　小龛

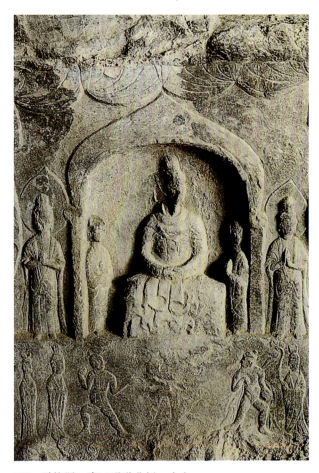

114 天统洞 前壁北侧 小龛　　　　　　　115 天统洞 窟口通道北侧 小龛

116 天统洞 窟顶 飞天

117　六狮洞　正壁　五尊像

118 六獅洞　南壁左側　右菩薩像

119　六狮洞　正壁左侧上部　维摩与供养人像

120　六狮洞　窟顶　飞天

▲ 121 六獅洞 正壁 佛座右側 獅子　　　　　　　　　　▼ 122 六獅洞 南壁 佛座右側 獅子

▲ 123　六狮洞　正壁　佛座左侧　狮子　　　　　　　　　　▼ 124　六狮洞　南壁　佛座左侧　狮子

125 六獅洞 北壁 佛座右側 獅子

126　六獅洞　北壁　佛座左側　獅子

127 来思九洞全景

128　来思九洞　北壁　礼佛图　局部

129 来思九洞 窟顶 飞天

130 来思九洞 正壁 佛座右侧 供养人像

131 古阳洞外景

134 古阳洞 正壁右侧 菩萨像

135 古阳洞　正壁左侧　菩萨像

136　古阳洞　正壁右侧　菩萨像　局部

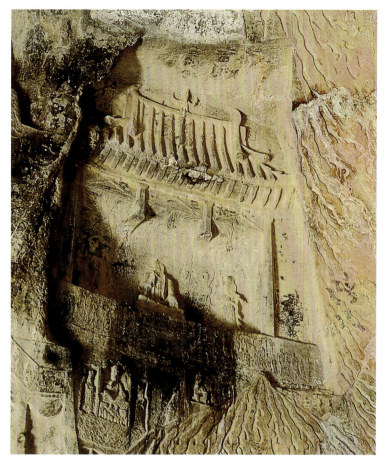

137　古阳洞　西南隅上部　屋形龛

138　古阳洞　西北隅上部　屋形龛

140 古阳洞 南壁上层第3龛 比丘法生造像龛

141　古阳洞　南壁　法生龛基部　供养人列像

142　古阳洞　南壁　法生龛基部左侧　供养人列像

143　古阳洞　南壁上层第 1 与第 2 龛间　小龛

144 古阳洞 南壁上层第1龛 比丘惠珍造像龛

146　古阳洞　南壁上层　齐郡王元祐造像龛

147 古阳洞　南壁中层第 2 龛　释迦多宝像龛

148　古阳洞　南壁中层第 1 与第 2 龛间　屋形龛

149　古阳洞　南壁中层第 1 龛　龛楣雕饰

150　古阳洞　北壁内侧　佛龛群

151　古阳洞　北壁外侧　佛龛群

大賞去庾右生
紀尋引屬形則
合儀无方昇峯由
思匠本是以此日
道匠住与妙日
悟畫陛羯已成心
造像六區上為皇
尨隆三寶无點为
師僧父母魂与
逍宿与慈會身終
百六視約三
不速於如来滏動
者咸咨来業有

153 古阳洞　北壁上部中央　造像龛

154 古陽洞 北壁上部外側 造像龕

155　古阳洞　北壁上部外侧　北海王元详造像龛

156 古阳洞　北壁上部外侧　长乐王穆陵亮夫人尉迟造像龛

157　古阳洞　北壁上层内侧　供养人列像

158　古阳洞　北壁上层第1龛　龛楣雕饰　局部

161　古阳洞　北壁上层第 4 龛　比丘慧成造像龛

162　古阳洞　北壁中层第 1 龛　交脚菩萨像龛

163　古阳洞　北壁　交脚菩萨像龛龛楣雕饰　局部

164　古阳洞　北壁中层第 1 与第 2 龛间上部　小龛

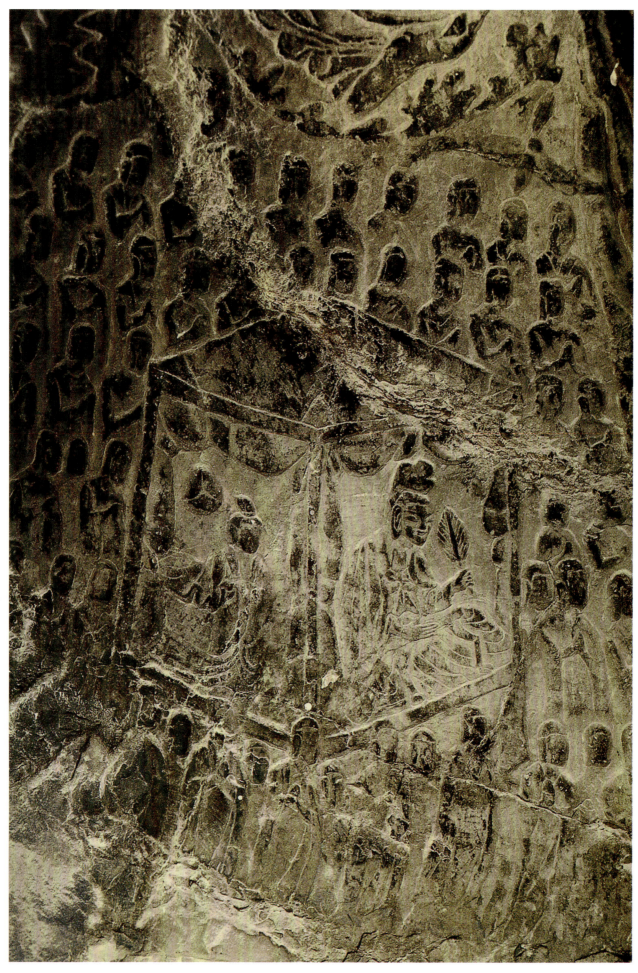

166 古阳洞 北壁中层第 3 龛内 维摩诘像

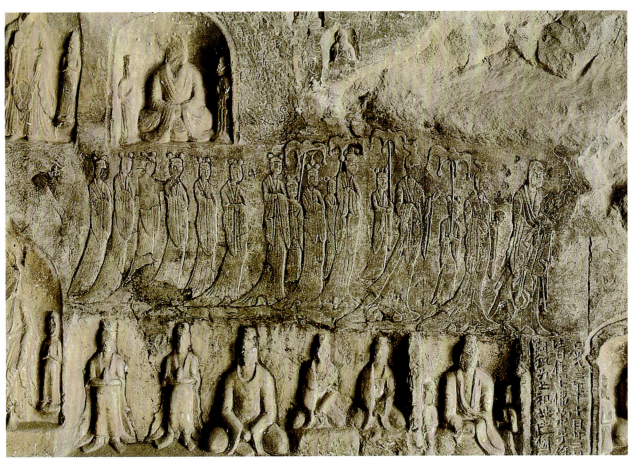

167 古阳洞　北壁中层第 2 龛基部　供养人列像

168 古阳洞　北壁中层第 3 龛内　文殊像

169　古阳洞　北壁中层第 3 与第 4 龛间　小龛

170　古阳洞　北壁中层第 4 龛　交脚菩萨像龛

171　古阳洞　北壁中层第 4 龛内　供养菩萨像

173　古阳洞　北壁下层第 1 龛　龛楣雕饰　局部

174　古阳洞　北壁下层第 2 龛　龛楣雕饰

175 古阳洞 北壁下层第3龛 龛楣雕饰

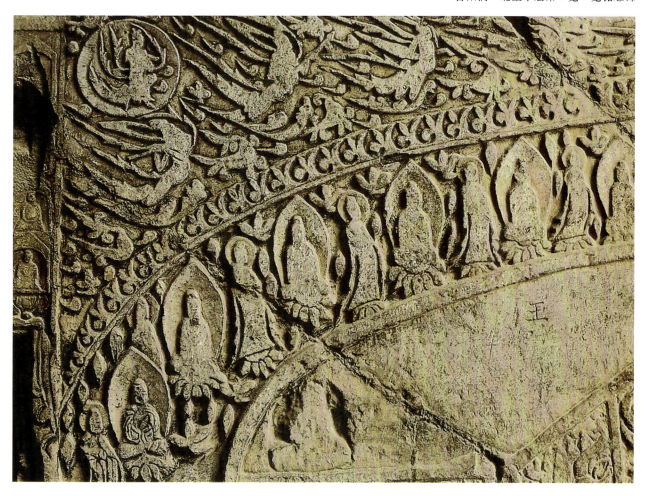

176 古阳洞 北壁下层第3龛 龛楣雕饰 局部

178　龙门西山石窟群　火烧洞附近外景

179　火烧洞　正壁　佛座下部　小龛

180　火烧洞　正壁左侧下部　小龛

181　火烧洞　南壁　比丘慧荣造像龛

182　火烧洞　南壁下部　供养人列像

183　火烧洞　西北隅　金刚力士像

184　火烧洞　北壁内侧　小龛

185 皇甫公窟 窟口上部 尖拱形门楣

186　皇甫公窟　正壁　七尊像

187 皇甫公窟 西北隅上部 弟子像

188 皇甫公窟 南壁 菩萨像龛

189 皇甫公窟 南壁 菩萨像龛龛楣 局部

190 皇甫公窟 南壁 菩萨像龛内 维摩诘像

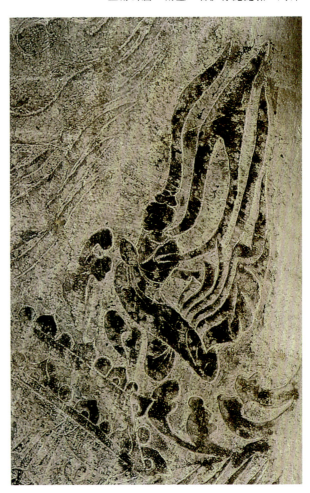

191 皇甫公窟 南壁 菩萨像龛内 飞天

192 皇甫公窟 南壁 菩萨像龛基部 礼佛图 局部

193　皇甫公窟　北壁　释迦多宝像龛

194 皇甫公窟 北壁 释迦多宝像龛右侧 供养菩萨像

195 皇甫公窟 北壁 释迦多宝像龛基部 礼佛图 局部

196 皇甫公窟 前壁上部 小龕

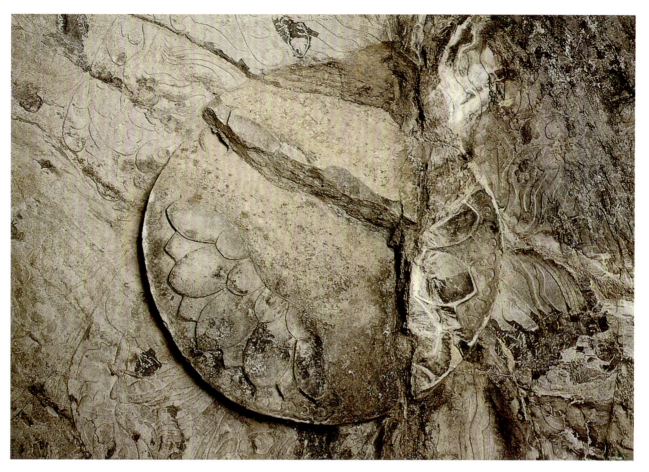

197　皇甫公窟　窟顶

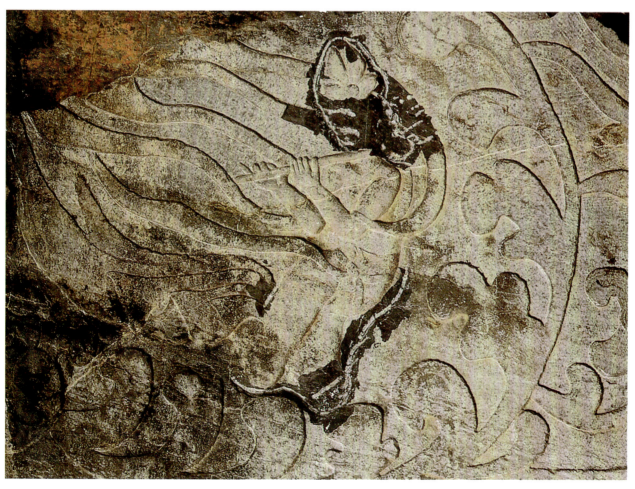

198　皇甫公窟　窟顶　飞天

199　皇甫公窟　地面　莲花纹雕饰

201 驃骧将军洞　窟口外南侧下部　供养人像

202 地花洞　正壁　五尊像

204 地花洞 南壁 坐佛像

205 地花洞 地面 莲花纹雕饰

206 地花洞 正壁左侧上部 维摩诘像

207 地花洞　北壁　坐佛像

208　路洞　正壁　七尊像

209　路洞　正壁右側　供养比丘像

210　路洞　南壁　佛龕群

211　路洞　南壁上層内側　屋形龕

212　路洞　南壁上層内側　降魔図

213　路洞　南壁下層内側　佛龕　　　　　　　　　　214　路洞　南壁下層内側　佛龕

215　路洞　北壁上部内側　造像

216　路洞　北壁上層内側　屋形龕

217　路洞　北壁下層外側　佛龕

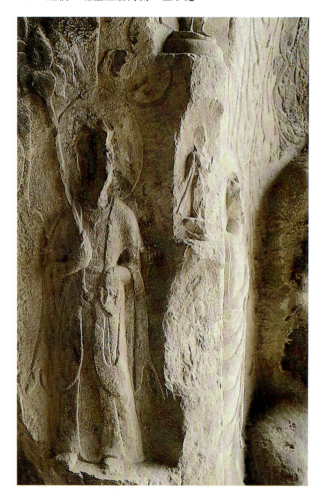

218　路洞　北壁下層内側　供養菩薩像

219　路洞　北壁下層内側　武定七年造像龕

221 路洞　东南隅内景

222　路洞　前壁南側　元象二年造像龕

223　路洞　北壁下部外側　護法神王像

224　路洞　窟口通道南側下部　供養人列像

225 路洞　窟口通道南側　供养人像　特写

专　文

龙门北朝小龛的类型、分期与洞窟排年

温玉成

河南省洛阳市龙门石窟与甘肃省敦煌县莫高窟、山西省大同市云冈石窟，并称为中国三大艺术宝库。

洛阳市地处黄河中游，山河控戴，形势险要，是中国历史上著名的都城(插图一)。这里，四面环山，伊、洛、涧、瀍四水交汇其间，构成一个盆地，面积约3600平方公里。北隔邙岭，为天堑黄河；南面群山，有轘辕关、大谷关和伊阙关可资据守；东出黑石关、虎牢关可达郑州；西扼函谷关、潼关，连接八百里秦川。故《史记·封禅书》称："昔者三代之君，皆在河洛之间。"

远在公元前21世纪，嵩洛之间就是夏王朝的中心区域。《周书·度邑》："自洛汭延于伊汭，居易毋固，其有夏之居。"商汤灭夏都于亳。其一之西亳，即今之偃师①。

此后，东周、东汉、曹魏、西晋、北魏、隋、唐、后梁、后唐、后晋诸朝，均曾建都于此，前后绵延一千一百余年，是中国六大古都中建都最久的城市。

龙门位于洛阳城南12公里，东经112°27′54″，北纬34°33′24″。东西两山对峙，伊水穿流其间。东山又名香山，海拔371.8米，西山又名龙门山，海拔307.6米，山青水秀，景色幽美。久居洛阳的唐代诗人白居易曾说："洛都四郊山水之胜，龙门首焉；龙门十寺观游之胜，香山首焉。"②(插图二)

龙门峡谷位于秦岭东西复杂构造带北亚带，洛阳盆地的东南部，嵩山背斜的北翼。南北长约1200米，东西宽约150～250米，谷深约120米，峡谷走向略

① 商曾七次迁都，故三亳之地说法不一。一说以谷熟为南亳，汤都；蒙为北亳，即景亳，汤受命地；偃师为西亳，盘庚迁徙之地(据《书》疏引晋皇甫谧说)。偃师二里头曾发现商代早期宫殿遗址。有的学者认为偃师发掘的商城(东周城在其西30公里)就是西亳，详见赵芝荃、徐殿魁：《河南偃师商城西亳说》，《全国商史学术讨论会论文集》，殷都学刊增刊，1985年版。

② 白居易：《修香山寺记》(唐大和六年，公元832年)，载《白氏文集》卷六十八，又见《文苑英华》卷八百十七。

洛阳地区北朝石窟及文化遗迹分布图

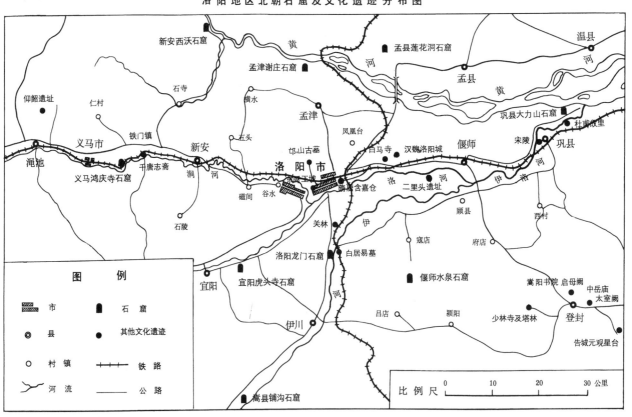

一 洛阳地区北朝石窟与遗址示意图

呈南北向（**N10°E**）。谷内河窄水急，两岸有两级阶地，分别高出伊河水面15～20米和40～50米。

龙门峡谷南端为寒武纪中世（地层代号$\in_2$，下同）石灰岩。其下，在伊河东岸，距峡谷口约500米处可见下寒武世（$\in_1$）紫色夹灰绿色页岩。其上，为上寒武世（$\in_3$）和下（O_1）、中（O_2）奥陶世石灰岩。峡谷口北，为石炭纪（**C**）及二迭纪（**P**）的沙页岩层（参见插图三）。

峡谷两岸共有十口泉水，出露点一般高出伊河水面2～5米，总流量每秒为0.229立方米。各泉温度无大差别，一般为24°～25℃，流量及水温年变化均不明显③。

龙门地区气温，最高达44℃，最低为－20℃，平均年降雨量为525.5毫米，年蒸发量为1760毫米，最大风速可达七级，冰冻期约为154天④。

龙门古称"阙塞"。《左传》昭公廿六年（公元前516年）："晋知跞、赵鞅帅师纳王，使女宽守阙塞。"杜解："阙塞，洛阳西南伊阙口也。"据《水经注》卷十五伊水："两山相对，望之若阙，伊水历其间北流，故谓之伊阙矣。"战国时代，这里是重要的战场。《战国策》周赧王廿二年（公元前293年）："秦白起击伊阙，斩首二十四万。"周赧王五十九年（公元前256年），西周君"与诸侯约纵，将天下锐师出伊阙攻秦"。

东汉时期，伊阙是拱卫国都洛阳的八关之一。据《后汉书·灵帝纪》记载，中平元年（公元184年）"以河南尹何进为大将军，将兵屯都亭，置八关都尉官。"八关即函谷关、广成关、伊阙关、大谷关、辗辕关、旋门关、小平津、孟津关。之后，张衡（公元78～139年）的《东京赋》、曹植（公元192～232年）的《洛神赋》、陆机（公元261～303年）的《洛阳记》和郦道元（约公元483～527年）的《水

③ 关于龙门的水文地质、工程地质情况，资料摘自：苏良赫、纪思、王玉和、许以和《河南洛阳龙门石窟地质踏勘报告》和王大纯《河南洛阳龙门石窟水文地质工程地质踏勘报告》（内部刊物）。

④ 根据黄河水利委员会龙门水文站提供之数据，资料截止日期1985年12月底。

二　龙门石窟鸟瞰（航空摄影1：10000）

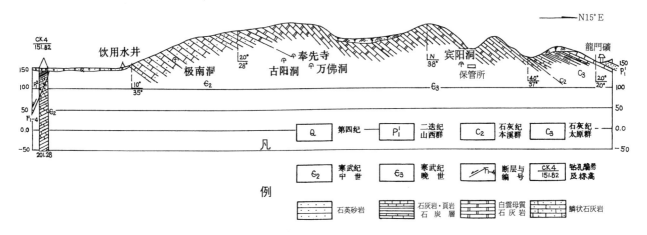

三.1 龙门石窟地质断面图

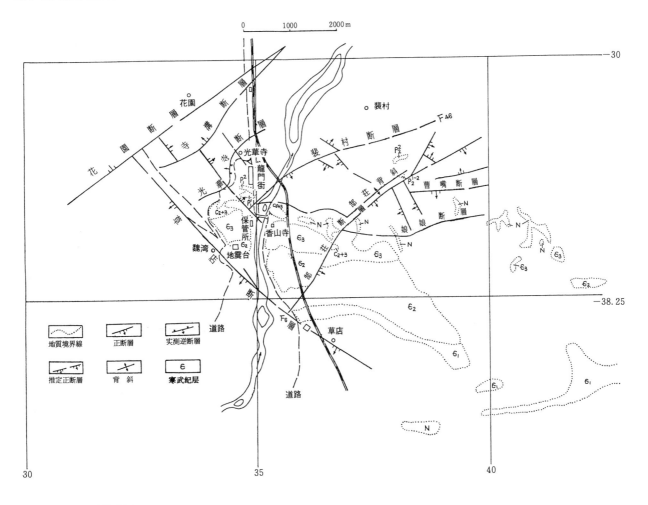

三.2 龙门附近地质构造图

经注》等,都把这里称作伊阙。《水经注·伊水》云:"东岩西岭,并镌石开轩、高甍架峰。西侧灵岩下泉流,东注入伊水。"灵岩乃灵岩寺的简称,即指今之宾阳中洞和南洞;泉流即今禹王池泉水。

北魏时代,伊阙仍是一个重要关口。杨衒之《洛阳伽蓝记》卷五:"京南关口有石窟寺、灵岩寺。"⑤龙门古阳洞造像记中有"都绾阙口游檄校尉司马解伯达"(公元495~499年)和"阙口关曹吏张英周"(公元507年)等人造像,均证明这里有"阙口关"之设。

北魏时,伊阙属新城县(县治在今伊川县城南)。《隋书·地理志》:"伊阙(县),旧曰新城(县),东魏置新城郡。开皇初废郡,十八年,县改名焉,有伊阙山。"龙门古阳洞有北魏景明三年(公元502年)新城县功曹孙秋生及刘起祖等二百人造像,药方洞有唐永徽四年(公元653年)洛州伊阙县人造阿弥陀像龛,都证明史载无误。

伊阙又称"龙门",始于何时?

最早记述伊阙得名龙门的是唐代韦述(公元?~757年)。他在《两京新记》中说:"(隋)炀帝登北邙,观伊阙,曰:'此龙门也。自古何不建都于此?'"稍后的李吉甫(公元758~814年)记此事则更详:"仁寿四年,炀帝诏杨素营东京。大业二年,新都成,遂徙居,今洛阳宫是也。""初,炀帝尝登北邙,观伊阙,顾曰:'此非龙门耶?自古何不建都于此?'仆射苏威对曰:'自古非不知,以俟陛下。'帝大悦,遂议都焉。"⑥按《隋书·炀帝本纪》,隋炀帝登北邙议建东京当在仁寿四年(公元604年)十一月。大业元年(公元605年)三月,诏尚书令杨素、纳言杨达、将作大匠宇文恺营建东京,至二年正月东京成。

在龙门石窟造像题记中,最早把伊阙称之为龙门的是在宾阳南洞的唐贞观廿二年(公元648年)清信女肖氏造阿弥陀佛并二菩萨记⑦。此后,将伊阙称作龙门者,则比比可见。如唐显庆三年(公元658年)杨真藏造像记的"洛州龙门"、显庆三年(公元658年)清信女普泰造像记的"龙门之岩"、显庆四年(公元659年)前豫州司功参军事王有口造像记的"在于龙门"等等⑧。李泰(公元618~652年)于贞观十六年(公元642年)主编《括地志》时,称此地为伊阙,名伊阙山为钟山。大约自唐高宗以后,龙门便渐渐成为伊阙的通称了⑨。上述的唐代造像题记说明,龙门之称也已在民间广为习用。

唐代有"龙门驿"的设立。唐高宗第四子、许王李素节于"天授中,与上金同被诬告。追赴都,……行至都城南龙门驿,被缢死,年四十三。则天令以庶人礼葬之。"⑩唐人许浑有《晚登龙门驿楼》一诗,诗中描绘了龙门"青嶂远分从地断,洪流高泻自天来"的壮观景色⑪。

宋朝以来的金石学家,对龙门石窟的碑刻题记做了录目和录文的工作。20世纪初,中外学者开始对龙门石窟造像进行研究。1907年秋,法国汉学家沙畹(E·Chavannes)对龙门石窟作了调查,于1909~1915年在巴黎出版了《北中国考古图谱》(MISSION ARHEOLOGIQUS DANS LA CHINE SEPTENTRIONALE),其第二卷公布了龙门石窟大量照片,并将五百五十品造像题记的文字译成法文,并作了考证。1902~1920年,许多日本学者也考察了龙门石窟,先后出版了《支那美术史雕塑篇》(大村西崖撰,1915年刊)、《支那佛教史迹》(关野贞、常盘大定撰,1925~1939年刊)等图集,影响较大。

在中国学者中,开始从学术角度探讨龙门的造像艺术和题材也不乏其人。关百益的《伊阙石刻图表》(1935年刊)一书搜集了若干照片和拓片,并以简要的表格形式说明龙门主要洞窟的名称、位置、碑刻及造像概况。

⑤ 据考证,石窟寺即今之古阳洞,灵岩寺即今之宾阳洞。参见温玉成:《龙门十寺考辨》,载郑州《中州今古》双月刊,1983年2~3期。

⑥ 李吉甫:《元和郡县图志》卷五,河南道一。

⑦ 龙门宾阳南洞北壁的造像记录引如下:"清信女肖为亡儿孝子敬造阿弥陀佛一躯并二菩萨,愿当来往生无量寿国。从今身见佛身,己业永断生死业,不复为怨家眷属。然亡儿未舍寿前愿已(以)后即于龙门山石龛内。母子情深,不违本志,即以贞观廿二年八月廿五日从京就此寺东山石龛内安置□。"

⑧ 详见[日]水野清一、长广敏雄:《龙门石窟之研究》269页和249页,同朋舍昭和五十五年覆刻版。

⑨ 《括地志辑校》,168页,贺次君辑校,中华书局,1980年北京版。

⑩ 《旧唐书》卷八十六,高宗中宗诸子传。

⑪ 《全唐诗》卷五百三十四。

⑫ 参阅王去非:《参观三处石窟笔记》,载《文物参考资料》1956年10期;龙门保管所编:《龙门石窟》,文物出版社,1961年北京版;丁明夷:《龙门石窟唐代造像的分期与类型》,载《考古学报》1979年4期.

⑬ 李玉昆:《龙门碑刻的研究》,载《中原文物》1985年特刊。该文统计龙门北朝造像题记共为189条。但据笔者复核,发现该文统计仍有遗漏。

⑭ 参阅温玉成:《龙门石窟的创建年代》,陕西省博物馆编《文博》,1985年2期。

⑮ 李文生:《我国石窟艺术的中原风格及其有关问题》,载《中原文物》1985年特刊。

日本学者水野清一、长广敏雄的《龙门石窟之研究》(1941年刊)一书把前人有关龙门石窟的研究工作做了一个总结。公布照片之多、搜罗拓本之丰富、洞窟介绍之详细都是空前的。但由于作者实地考察时间短促,书中不免有许多可商榷之处。

沙畹、关百益、水野和长广诸先生,在其著述中都对龙门洞窟的年代学作过有益的探索。50至60年代,中国学者又作了进一步的探讨。1964年,初步完成了对龙门唐代小龛分期的研究工作⑫。但是,建立较科学的北朝窟龛和唐朝洞窟的分期序列,尚需作艰苦的努力。

众所周知,龙门北朝窟龛中保存有自北魏太和末年至北周末年(公元499～580年)的有明确纪年的造像铭记189条以上,是中国石窟中有北朝纪年铭记最多的一处⑬,因而对于研究北朝窟龛的分期提供了绝对年代可靠的证据。

龙门石窟的始造年代,大约是太和十七年⑭。本文所探讨的龙门北朝窟龛的年代学就是自太和十七年至北周大象二年的八十七年时间(公元493～580年)。

洛阳是北魏后期的都城。龙门北魏窟龛中自然有相当大的部分是皇室和上层官吏出资开凿的,因此,可以说代表了当时全国最高的艺术水平。龙门造像形制的演变,对中国北部地区造型艺术的发展起了很大的影响⑮。由此可知,龙门北朝窟龛的分期对研究中国北部地区北朝窟龛的分期有着重要的参考价值。

根据龙门北朝窟龛的实际情况,本文拟将小龛和洞窟分两大部份分别加以探讨。

第一部份是对北朝小龛作类型排比和分期研究。龙门北朝小龛数量大、工期短(若干月或一、二年完工)、有确切纪年,这使小龛的分期有较大的可靠性和准确性(详见附表一:《龙门石窟北朝纪年小龛一览表》)。

第二部份是对北朝的主要洞窟作排年分析。龙门北朝洞窟雕造工期长(若干年或十年以上),内容丰富,变化因素复杂,多数没有明确纪年。因此,我们只有充分利用小龛分期的研究成果,结合其它因素,才能对洞窟的年代作出分析和判断。

① 参阅水野清一、长广敏雄:《龙门石窟之研究》,第三编之三。

第一部份　龙门北朝小龛的分期及年代

一、　小龛的类型与形式

小龛是相对于洞窟而言的,除了在长、宽的尺寸上较小外,它主要是没有窟室。一个小龛的"龛形"指的是它的基本框架,相当于一个洞窟的券面装饰和洞窟结构。龛形主要包括龛楣、左右边饰以及龛基下部的附属壁面(即刻有题记、博山炉、狮子、供养人等的壁面)。有的学者虽然已经注意到龛楣的变化具有年代学的意义,但未能作出细致的研究,因而不能指明它的演变趋势①。

龙门北朝小龛的龛形,概括起来计有六种母型:

(1)**A**型,即方形龛

(2)**B**型,即圆楣龛

(3)**C**型,即圆拱龛

(4)**D**型,即尖拱龛

(5)**E**型,即屋形龛

(6)**F**型,即盝顶龛

由上述六种母型中又派生出(甲)**AD**型(外方内尖龛)、(乙)**EF**型(外屋内盝龛)和(丙)**DF**型(外尖内盝龛)三种形式。

每一种类型的龛形,均可由龛形的变化及装饰纹样的变化区别为若干式,我们分别用**I**、**II**、**III**等表示。

兹将龙门北朝小龛龛形的演变分别介绍如下。

首先介绍六种母型:

(1)　**A**型(方形龛)

A型龛是小龛中最简单的一种形式,其变化较缓慢,可分三式。

AI式　例龛:古阳洞佚名造像龛〔永平二年(公元509年)六月廿四日〕(插图四);古阳洞比丘尼法庆造弥勒像龛〔永平三年(公元510年)九月四日〕(插图五)。小龛四边刻成长方形,上边及左右刻出用短带吊起的帷幕。

AII式　例龛:魏字洞邑主王法□妻田氏造观音像龛〔正光四年(公元523年)四月十六日〕(插图六);石牛溪张欢□造观音佛像龛〔永安二年(公元529年)〕(插图七)。在长方形龛的下部即龛基部份增加了附属壁面,其上刻供养人或博山炉、狮子等。

AIII式　例龛:药方洞都邑师道兴合邑人等造释迦像龛〔大齐武平六年(公元575年)岁次乙未六月甲申〕(插图八)。龛的上边用联幡装饰,龛下边饰以莲瓣纹。附属壁面中为博山炉,左右为狮子,并各刻出一小圆龛。

(2)　**B**型(圆楣龛)

所谓圆楣龛,是在一铺造像的上部刻出新月形的圆楣,这个"新月"往往和造像的背光保持一段距离。在龙门所见的圆楣龛使用时间不长,大约在北

四　古阳洞佚名造像龛

五　古阳洞法庆造弥勒像龛

六　魏字洞王法□妻田氏造观世音像龛

七　石牛溪张欢□造观世音像龛

八　药方洞都邑师道兴等造释迦像龛

九　古阳洞北海王元详造弥勒像龛

一一　古阳洞史市荣造释迦像龛

一〇　古阳洞尹爱姜等造弥勒像龛

一二　古阳洞尹妁房造释迦多宝像龛

魏孝文帝太和二十二年到宣武帝永平二年的十多年时间里(公元498～509年),仅存一式。

BI式　例龛:古阳洞北海王元详为母子平安造弥勒像龛〔太和廿二年(公元498年)九月廿三日〕(插图九)、古阳洞尹爱姜等廿一人造弥勒像龛〔景明三年(公元502年)六月廿三日〕(插图一〇)。一种是在圆楣内刻童子牵华绳,另一种是刻卷草葡萄纹。也有个别小龛的圆楣内无雕饰,如古阳洞佛弟子贾元婴造释迦像龛〔永平二年(公元509年)十一月十六日〕。

(3)　**C型(圆拱龛)**

圆拱龛应是摹拟穹窿顶的草庐形式②,最早见于葱岭以西。圆拱龛有两种类型:简单型和复杂型。简单型的圆拱龛只是上边凿成漫圆形状,另外三边与方形龛无异,多是很小的龛,不分式。较早的如古阳洞阙口关吏史市荣造释迦像龛〔正始五年(公元508年)四月廿日〕(插图一一);较晚的如古阳洞尹妁房造多宝像龛〔延昌四年(公元515年)八月廿四日〕(插图一二)。

复杂型圆拱龛可分为二式:

CI式　例龛:古阳洞长乐王丘穆陵亮夫人尉迟为亡息牛橛造弥勒像龛〔太和十九年(公元495年)十一月〕(插图一三)、古阳洞比丘慧成为亡父始平

一三　古阳洞长乐王夫人尉迟造弥勒像龛

一四　古阳洞慧成造像龛

一五　古阳洞齐郡王元祐造弥勒像龛

一六　古阳洞赵双哲造像龛

一七　古阳洞代妙姬造像龛

一八　古阳洞步举郎妻一弗氏造像龛

公造像龛〔太和廿二年（公元498年）九月十四日〕（插图一四）。圆拱与造像背光联成一个整体，围绕在造像的上部及左右。圆拱内刻童子牵华绳，华绳下的边缘也有刻矫首双龙纹饰。

CII式　例龛：古阳洞齐郡王元□造神像龛〔熙平二年（公元517年）七月廿日〕（插图一五）。圆拱内刻九身龙首衔华绳纹饰。

（4）　**D型**（尖拱龛）

这种尖拱形，也应是表示在山中苦修僧人用的草庐。尖拱龛的基本特征是尖拱及龛楣尾部作出龙首或鸟首，而两侧的立柱则是演化中孳生出来的。

尖拱龛也有两种类型。比较小的龛多用简单型，也就是只刻成尖拱形状，尖拱内无雕饰。较早的有古阳洞佛弟子赵双哲造像龛〔景明三年（公元502年）五月卅日〕（插图一六）；较晚的有古阳洞佛弟子代妙姬造像龛〔延昌二年（公元513年）〕（插图一七）。

复杂的尖拱龛可分三式：

DI式　例龛：古阳洞步举郎妻一弗氏为亡夫造像龛〔太和廿年（公元496年）〕（插图一八）。尖拱内刻卷草纹，并以卷草纹作龛尾。两侧立柱饰以连珠纹。

DII式　例龛：古阳洞新城县功曹孙秋生二百人等造像龛〔景明三年（公元502年）五月廿七日〕；古阳洞比丘法生为孝文帝并北海王母子造像龛〔景明四年（公元503年）十二月一日〕（插图一九）。尖拱内刻坐佛，二坐佛间刻立侍菩萨，尖拱下缘刻连体矫首双龙。龛的左右侧刻立柱。

DIII式　例龛：古阳洞比丘尼惠智造释迦像龛〔永平三年（公元510年）十一月廿九日〕（插图二〇）。尖拱内刻"七佛"，两侧刻立柱。

（5）　**E型**（屋形龛）

屋形龛是直接模拟佛殿建筑的龛形。这类龛的基本特征是刻出仿木结构的庑殿顶或歇山顶，隐出立柱，以示殿堂。(插图二一)屋脊正中立金翅鸟，两端有鸱尾。共分三式：

EI式　例龛：古阳洞安定王元燮为亡祖、妣造释迦像龛〔正始四年（公元507年）二月〕（插图二二）。歇山顶，三开间，四根隐出的六棱柱，中间两根只刻出上半截。柱头减杀，柱头用替木，上接檐枋。每两柱间用一叉手补间。

EII式　例龛：古阳洞刘智明造像龛(约公元515年，插图二三)。该式比EI式简化，取消了斗拱及补间，一开间③。二柱与屋檐交接部分用两身张臂飞舞

一九　古阳洞法生造像龛

② 宿白：《参观敦煌285号窟札记》，《文物》，1956年2期。

③⑤⑦⑨⑩·参阅温玉成：《龙门古阳洞研究》，《中原文物》，1985年特刊。

二〇　古阳洞惠智造释迦像龛

二一　古阴洞北壁上部屋形龛

二二　古阳洞安定王元燮造释迦像龛

二五　古阳洞太妃侯造弥勒像龛

二六　古阳洞马振拜等造像龛

二七　古阳洞张师伯等造弥勒像龛

二三　古阳洞刘智明造像龛

二四　慈香洞南邻屋形龛

的紧那罗代替。紧那罗不露足。屋顶左上角刻维摩诘居士,右上角刻文殊菩萨像。

EIII式　例龛:慈香洞南邻屋形龛(约公元520年,插图二四)④。特点是刻出粗壮的鸱尾、筒瓦、檐枋,但不刻斗拱及补间,而代之以吊幕。

(6)　**F型(盝顶龛)**

盝顶龛的龛楣,是模拟中国木构建筑的盝顶形状,借以表示佛像在殿宇之内。由此,又发展出一种EF型(即屋形盝顶龛),即在盝顶上左右刻鸱尾,中央刻金翅鸟。盝顶龛的龛楣往往隔出若干小格,填以装饰纹样。现据其变化,可分为四式:

FI式　例龛:古阳洞广川王祖母太妃侯为亡夫广川王贺兰汗造弥勒像龛〔景明三年(公元502年)八月十八日〕(插图二五);古阳洞邑主马振拜等人造石像龛〔景明四年(公元503年)八月五日〕(插图二六)。正中梯形格内刻博山炉及飞天,菱形格及两边格中也刻飞天。盝顶之下,或刻兽头衔华绳,或刻帷幕。稍晚的龛,也有在盝顶各格中刻小千佛的,如古阳洞张师伯等十四人造弥勒像龛〔延昌三年(公元514年)八月二日〕(插图二七)。

FII式　例龛:古阳洞邑师慧畅及杜安迁等廿三人造释迦像龛〔神龟元年(公元518年)六月十五日〕(插图二八);古阳洞赵阿欢等卅五人造弥勒像龛〔神龟三年(公元520年)六月九日〕(插图二九)。出现两个侧龛,主龛下方的附属壁面刻供养人或狮子等。龛上方左右角处刻维摩诘、文殊像,有的刻佛本行故事,如赵阿欢龛。

FIII式　例龛:古阳洞比丘尼某氏造弥勒像龛〔孝昌元年(公元525年)七月十七日〕。特点是在FII式的上方加刻一排千佛,共十六身,每身皆有小尖拱龛楣。

FIV式　例龛:古阳洞长孙僧济等造弥勒像龛〔天平二年(公元535年)四月八日〕。特点是盝顶格内刻千佛,龛形简化,刻工粗率。

其次,三种派生型。

(甲)　AD型(外方内尖龛)

外方内尖龛是尖拱龛的一种发展形式,即是把龛形外廊作方形,再在方形内套入一个尖拱龛,可分四式:

ADI式　例龛:古阳洞比丘尼法兴因患造释迦像龛〔延昌二年(公元513年)八月二日〕(插图三〇)。尖拱内刻七佛,方廊与尖拱楣所夹的左右上角内

④ 慈香洞南邻屋形龛的造像与慈香洞的造像类似,故推断之。

二八　古阳洞慧畅等造释迦像龛

三〇　古阳洞法兴因患造释迦像龛

二九　古阳洞赵阿欢等造弥勒像龛

三一　古阳洞杜永安造无量寿佛龛

三二　古阳洞殷桃树造无量寿佛龛

刻供养人像。

ADII式　例龛:古阳洞杜永安造无量寿佛龛〔神龟二年(公元519年)四月廿五日〕(插图三一)。尖拱内刻七佛,每二身坐佛间刻一合十比丘像。其左上方夹角处刻维摩诘居士,右上方夹角处刻文殊菩萨。此外,主龛左右各有一个侧龛,内刻菩萨像。主龛下方附属壁面中刻博山炉及供养人像。

ADIII式　例龛:古阳洞陵江将军殷桃树造无量寿佛龛〔永熙二年(公元533年)九月十日〕(插图三二);古阳洞清信女孙思香为亡息造观世音像龛〔天平四年(公元537年)正月廿一日〕(插图三三)。方廊下刻吊幕,尖拱内刻火焰纹,下缘刻连体二龙,龙口向上,口含莲花。也有的在侧龛上加上屋顶形,如孙思香龛。

ADIV式　例龛:古阳洞平东将军苏万成妻赵归亲造释迦像龛〔大统六年(公元540年)四月廿八日〕(插图三四)。方廊下帷幕扩大,吊带有花结,尖拱内正中刻一佛,左右夹角处各刻三坐佛。有左右侧龛及主龛下的附属壁面。

(乙)　**EF型**(屋形盝顶龛)

这类龛是在盝顶正中的梯形格上方加刻金翅鸟及鸱尾,仅见数例,如古阳洞黄元德等造弥勒像并五十三佛龛〔永平四年(公元511年)二月十日〕(插图三五)。

三三　古阳洞孙思香造观世音像龛

三四　古阳洞苏万成妻赵氏造释迦像龛

三五　古阳洞黄元德等造弥勒像并五十三佛龛

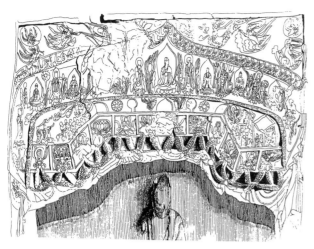

三八　古阳洞北壁第一层小龛龛楣

三六　古阳洞南壁第二层第四龛龛楣

三七　古阳洞北壁第一层第三龛龛楣

三九　古阳洞道仙造像龛

四〇　古阳洞
孙大光造释迦像龛

四一　古阳洞
刘洛真造释迦像龛

四二　魏字洞周天盖造无量寿佛龛

四三　魏字洞丁辟邪造无量寿佛龛

（丙）　**DF型**（外尖内盝龛）

所谓外尖内盝龛,是在盝顶龛之上套上一尖拱龛合成的,亦仅见数例。如古阳洞南壁中层大龛东起第四龛（约公元510年完工,插图三六）,北壁下层大龛西起第三龛（约公元520年辍工）⑤及该龛东侧的小龛即是（插图三七、三八）。

二、　结跏趺坐佛像的演变

龙门北朝小龛中,以结跏趺坐佛为主像的数量最大。结跏趺坐佛像计有四种类型（以a代表之）:

(1)a_1型,佛作禅定印,台座前无下垂衣纹

(2)a_2型,禅定印,有下垂衣纹

(3)a_3型,非禅定印,无下垂衣纹

(4)a_4型,非禅定印,有下垂衣纹

现将四类坐佛像的演变（主要是依衣饰变化）分述于下。

(1)　a_1型（禅定印,无下垂衣纹）

a_1I式　例龛:古阳洞步举郎妻一弗氏为亡夫造像龛（见插图一八）。佛像袒右肩,斜披络腋,袈裟的一角自左肩斜下至右腿下部。

a_1II式　例龛:古阳洞佛弟子赵双哲造像龛（见插图一六）;古阳洞比丘道仙造像龛〔正始元年（公元504年）十一月三日〕（插图三九）。佛像着双领下垂式袈裟,内着僧祇支。

a_1III式　例龛:古阳洞孙大光造释迦像龛〔正始三年（公元506年）六月卅日〕（插图四〇）;古阳洞弟子□闻造释迦像龛〔正始四年（公元507年）十一月十一日〕。略同a_1II式,但下垂的右领在双手上部横过,绕左肘外。

a_1IV式　例龛:古阳洞佛弟子刘洛真为亡兄惠宝造释迦像龛〔延昌元

年(公元512年)十一月〕(插图四一);古阳洞佛弟子代妙姬造像龛(见插图一七)。下垂的右领绕左肘后,盖住左膝头部份。

a₁V式　例龛:魏字洞周天盖造无量寿佛龛〔孝昌二年(公元526年)二月八日〕(插图四二);魏字洞丁辟邪造无量寿佛龛〔孝昌三年(公元527年)三月廿三日〕(插图四三)。左右袖口呈八字形,绕至双腿下部。有的坐佛增设了方形台座。a₁V式延续时间较长,基本上至北魏末年,如古阳洞陵江将军殷桃树造无量寿佛龛(见插图三二)。

(2)　**a₂型**(禅定印,有下垂衣纹)

a₂I式　例龛:古阳洞比丘慧成为亡父始平公造像龛(见插图一四);古阳洞邑主高树等卅二人造石像龛〔景明三年(公元502年)五月卅日〕(插图四四);比丘法生为孝文帝并北海王母子造像龛(见插图一九)。坐佛着袒右肩袈裟,以袈裟的一角披覆于右肩上。内着以连珠纹为饰的僧祇支。袈裟从左肩斜下呈折带纹,两腿间垂出有竖纹的袈裟一角。

a₂II式　例龛:古阳洞杜永安造无量寿佛龛(见插图三一)。佛像内着僧祇支,外着双领下垂式袈裟。右领下袈裟一角绕于左肘外。双手下有一圆形衣角,刻同心圆纹。袈裟在台座前呈羊肠纹,分两重八字形分开。

a₂III式　例龛:魏字洞优婆夷李氏为亡女造无量寿佛龛〔正光四年(公元523年)九月十五日〕(插图四五)。基本同a₂II式,但双手下的圆形衣角折向左边,无同心圆纹。

a₂IV式　例龛:古阳洞清信女曹敬容为亡夫造像龛〔天平四年(公元537年)七月廿五日〕(插图四六)。胸间以带束住僧祇支,胸带作结下垂。双手下圆形衣角从左右向内折。袈裟在台座前呈两重羊肠纹,底边略作一字形。

a₂V式　例龛:路洞比丘昙山合邑人等造石像龛〔武平三年(公元572年)九月十二日〕(插图四七)。胸带作结,内著僧祇支,袈裟双领下垂,但袈裟在台座前的羊肠衣纹宽松,底边呈一字形。

(3)　**a₃型**(非禅定印,无下垂衣纹)

a₃I式　例龛:古阳洞佚名造像龛(见插图四)。佛像内着僧祇支,外着双领下垂式袈裟。右领下袈裟一角绕左肘外。露一足。屈右臂,举掌于胸前。左手掌心向外,伸一、二指,屈三、四、五指,置于腹前左侧。

a₃II式　例龛:石牛溪田黑女造释迦像双龛〔正光二年(公元521年)七月十五日〕(插图四八)。服饰略同a₃I式,但双腿间刻一圆形衣角,内刻同心圆纹。

a₃III式　例龛:莲花洞比丘尼法恩造释迦文佛像龛〔孝昌三年(公元527年)五月廿四日〕(插图四九)。两腿间无圆形衣角。右领下袈裟一角,绕左肘外的部份较宽大,余同a₃II式。

(4)　**a₄型**(非禅定印,有下垂衣纹)

a₄I式　例龛:古阳洞安定王元燮为亡祖、妣造释迦像龛(见插图二二);古阳洞比丘尼惠智造释迦像龛(见插图二〇)。内着僧祇支,或胸间束带作结下垂。外着双领下垂袈裟,右领下袈裟一角横过腹前,绕于左肘外。连接左右

四四　古阳洞高树等造像龛

四五　魏字洞李氏造无量寿佛龛

四六　古阳洞曹敬容造像龛

四七　路洞昙山等造像龛

四八　石牛溪田黑女造释迦像双龛

四九　莲花洞法恩造释迦像龛

五〇　古阳洞慧荣造释迦像龛

五一　莲花洞宋景妃造释迦像龛

五二　药方洞李长寿妻陈氏造释迦像龛

五三　普泰洞道真造释迦像龛

五四　莲花洞某氏造释迦像龛

袖的袈裟作慢圆形遮住右腿部份。台座前羊肠纹分两重八字形分开,中间伸出一长圆形衣角。

a₄II式　例龛:古阳洞比丘尼法兴因患造释迦像龛(见插图三〇)。略同a₄I式,唯台座前的右足前后搭上下垂的圆形衣角。

a₄III式　例龛:古阳洞邑师慧畅及杜安迁等廿三人造释迦像龛(见插图二八)。右肩处下垂再绕左肘外的袈裟,在横过腹前时加宽,且用同心圆弧纹装饰。在佛足前后伸出的一个圆形衣角,边缘处向内卷收。

a₄IV式　例龛:古阳洞比丘慧荣造释迦像龛〔正光二年(公元521年)八月廿日〕(插图五〇)。佛足前后所伸出的圆形衣角变作上下两重,即变成四个向内卷收的衣纹,但纹样松散,不成圆形。

a₄V式　例龛:莲花洞清信女宋景妃造释迦像龛〔孝昌三年(公元527年)四月八日〕(插图五一)。台座前四个向内卷收的衣纹中,下排的两个向下伸长至龛底边。羊肠纹仍较密集。

a₄VI式　例龛:药方洞清水县开国男李长寿妻陈晕造释迦像龛〔永安三年(公元530年)七月十五日〕(插图五二)。台座前的袈裟羊肠纹发生较大变化,一是下垂的衣纹长度缩短;二是衣纹更加松散;三是仅在佛足右侧伸出一个圆形衣角。有的龛虽与a₄V式略同,但已呈简化的趋势,如取消下一排的两个圆形衣角,八字形分开的衣纹已不是两重,而只有一重。这样的小龛有普泰洞比丘尼道真为亡父母造释迦像龛〔天平四年(公元537年)四月十二日〕(插图五三);古阳洞平东将军苏万成妻赵归亲造释迦像龛(见插图三四)。

a₄VII式　例龛:莲花洞某氏造释迦像龛〔天保八年(公元557年)十一月〕(插图五四)。佛像坐于叠涩束腰方台座上,两腿之间用纵向圆弧线(双线条)装饰。

a₄VIII式　例龛:药方洞都邑师道兴并邑人等造释迦像龛(见插图八)。佛像坐于八角束腰莲花座上。袈裟衣纹垂于台座前很短,两腿间用横向圆弧纹装饰。

三、　交脚坐菩萨像的演变

在龙门的北朝小龛中,很多是以交脚坐菩萨为主像加以供养的,在数量上仅次于以结跏趺坐佛为主像的小龛。碑刻题记调查表明:凡小龛中有造像题材铭记的均称这种交脚坐菩萨像为"弥勒菩萨"。而另一方面,则尚未发现称非交脚坐菩萨为弥勒菩萨的。由此可知,在龙门北朝小龛中交脚坐菩萨就是弥勒菩萨像。

我们依据交脚坐菩萨服饰的变化,将其分为七式(以X代表之):

XI式　例龛:古阳洞长乐王丘穆陵亮夫人尉迟氏为亡息牛橛造弥勒像龛(见插图一三)。菩萨裸上身,斜披有折带纹的络腋,自左肩斜向右膝部。头戴低宝冠,两条宝缯平伸再上翘。自宝缯(从宝冠两侧的)出处另外斜出两带,伸向背部、上臂之后,至肘关节处再向内,绕过肘部,再向外飘扬。右手举于胸前,左手按左膝头并以手持帔帛之一角。腰束宽带,下着羊肠纹大裙,褶纹密集,紧贴双腿,下摆向两侧展开成横向长方形。

XII式 例龛:古阳洞北海王元详为母子平安造弥勒像龛(见插图九)。菩萨的坐姿同XI式,不同点是自宝缯出处斜向肩头的飘带,在双肩至肘关节间的身后,呈若干个三角形,状若羽翅。又取消了斜披络腋,代之以两条帔帛,自两肩头斜向内,作X形交叉于腰际,再绕过两肘,向外飘扬。颈部下方左右各有一圆形饰物,与桃状项圈相连结。

XIII式 例龛:古阳洞云阳伯郑长猷为亡父造弥勒像龛〔景明二年(公元501年)九月三日〕(插图五五);古阳洞尹爱姜等廿一人造弥勒像龛(见插图一〇);古阳洞比丘慧乐为北海王造石像龛〔景明四年(公元503年)十二月一日〕(插图五六)。菩萨肩头至肘关节间身后,取消了三角形纹样,而代之以圆角状饰物。有的小龛在帔帛交叉处穿过一个圆环,如古阳洞比丘慧乐龛。

XIV式 例龛:古阳洞钩楯令王史平吴等造弥勒像龛〔正始二年(公元505年)四月十五日〕(插图五七)。菩萨腰间下伸一竖带,垂至双腿交叉处以上。羊肠纹大裙底边作双重八字形纹分开。

XV式 古阳洞安定王元燮为亡祖母、亡考、亡妣造石窟一区〔永平四年(公元511年)十月十六日〕(插图五八);古阳洞张师伯等十四人造弥勒像龛(见插图二七)。变化之点是腰带上缘刻出一圈裙褶,帔帛作W形交叉,菩萨坐于较高的方台座上。

XVI式 例龛:古阳洞齐郡王元祐造神像龛(见插图一五)。帔帛交叉处穿过圆环,绕肘外的帔帛不再向斜外方向飘扬,而是垂直下伸。菩萨双足各踏一个小圆座。

XVII式 例龛:古阳洞比丘尼某氏造弥勒像龛〔孝昌元年(公元525年)七月十七日〕(插图五九);莲花洞沙门昙佘为一切众生造弥勒像龛〔武泰元年(公元528年)四月六日〕。变化之点是W状交叉的帔帛接近重合,腰带正中刻一圆形饰物。在双足所踏的两个小圆座下,有一共用的长方台座。

值得注意的是,交脚坐菩萨像渐次演变出一种类似盘坐(露一足,足尖斜向下方)的样式。在皇甫公窟南壁大龛〔孝昌三年(公元527年)九月十七日〕(插图六〇)中可以见到。此后不久,交脚像即消失。唯小龛中尚乏其例。

四、 立式菩萨像的演变

本节所介绍的立式菩萨像,是指以立式菩萨作为主像供养者(以P_1代表之)。

由造像题记可知,P_1型菩萨多被称为"观世音菩萨",只有一龛例外,参阅附表一。

依据菩萨服饰的变化,计分三式:

P_1I式 例龛:古阳洞清信女尹伯成妻姜氏造观世音像龛〔永平四年(公元511年)十二月十二日〕(插图六一)。菩萨的帔帛呈X状交叉于腹前,不穿圆环,而帔帛下垂的底边仅及两胯间。帔帛绕两肘外之后,下垂至近足踝部。

五五　古阳洞郑长猷造弥勒像龛

五六　古阳洞慧乐造像龛

五七　古阳洞王史平吴等造弥勒像龛

五八　古阳洞安定王元燮造像龛

五九　古阳洞某氏造弥勒像龛

六〇　皇甫公窟南壁龛交脚弥勒像

六一　古阳洞尹伯成妻姜氏造观世音像龛

六二　普泰洞道慧法盛造两观音像龛

六三　古阳洞□昙造像龛

六四　古阳洞解伯达造弥勒像龛

六五　古阳洞惠感造弥勒像龛

P₁II式　例龛：魏字洞邑主王法□妻田氏造观世音像龛（见插图六）；石牛溪张欢□造观世音 像龛（见插图七）；　普泰洞比丘尼道慧、法盛造两观世音像龛〔普泰元年（公元531年）八月十五日〕（插图六二）。变化之点是帔帛交叉处穿过圆环，然后绕肘外下垂至龛底。帔帛下垂的底边下延至膝盖以下。羊肠纹大裙下摆在两足部，作两个八字形。

P₁III式　例龛：古阳洞比丘尼□昙造像龛〔天平三年（公元536年）五月十五日〕（插图六三）；古阳洞清信女孙思香为亡息造观世音像龛（见插图三三）。变化之点是：腰带正中刻圆形饰物，大裙下摆在两足部位作一字形状。

五、　夹侍菩萨像的演变

龙门北朝小龛中雕刻了大量的立式夹侍菩萨（以P₂代表之），但一般形体都很小，所以刻得比较简化。P₂型菩萨早期变化迅速，后期形成定式，演变缓慢。

依据菩萨服饰的变化，可分为七式：

P₂I式　例龛：古阳洞长乐王丘穆陵亮夫人尉迟氏为亡息牛橛造弥勒像龛（见插图一三）。该龛只存左侧一身夹侍菩萨，斜披络腋（自左肩斜向右髋部），有折带纹。宝缯出处斜下两带，沿肩臂部斜下，再向内绕过肘关节处向外飘扬。右手抚胸，左手提净瓶。下着大裙，腰束宽带。大裙衣纹紧贴双腿，作横向圆弧纹状。

P₂II式　例龛：古阳洞北海王元详为母子平安造弥勒像龛（见插图九）；古阳洞都绾阙口游檄校尉司马解伯达造弥勒像龛〔太和年造（公元495～499年）〕（插图六四）；古阳洞云阳伯郑长猷为亡父造弥勒像龛（见插图五五）；古阳洞比丘惠感为亡父母造弥勒像龛〔景明三年（公元502年）五月卅日〕（插图六五）。变化之点是取消了斜披络腋，用X形璎珞或X形帔帛严身。X形帔帛交叉后再沿体侧上升，绕两肘后向外飘扬。

P₂III式　例龛：古阳洞比丘法生为孝文帝并北海王母子造像龛（插图一九）；古阳洞钩楯令王史平吴等造弥勒像龛（见插图五七）。变化之点是肩头有若干个圆角形饰物，帔帛交叉处穿圆环。一手抚胸前，一手提净瓶或桃形物。

P₂IV式　例龛：古阳洞张师伯等十四人造弥勒像龛（见插图二七）；古阳洞齐郡王元祐造神像龛（见插图一五）。变化之点是，绕肘外扬的帔帛改作绕肘后垂直下伸。多数帔帛交叉处不再穿环。与此同时，P₂III式仍大量使用。

P₂V式　例龛：莲花洞苏胡仁合邑十九人等造释迦像龛〔正光六年（公元525年）五月十五日〕（插图六六）；莲花洞比丘尼明胜造释迦文佛像龛〔孝昌三年（公元527年）五月廿四日〕（插图六七）。变化之点是菩萨下垂的一手往往提帔帛之一角。有的菩萨头顶束发如丫髻或戴莲瓣花冠。

P₂VI式　例龛：莲花洞某氏造释迦像龛（见插图五四）。此式变化较大，菩萨腰间折出两个半圆形衣褶，两腿上刻横向双线圆弧纹。

P₂VII式　例龛：药方洞都邑师道兴合邑人等造释迦像龛（见插图八）。最重要的变化是帔帛横过腹前、腿前两道。

六、 夹侍弟子像的演变

龙门北朝小龛中夹侍弟子的出现,是一个重大的变化。

龙门北朝早期的小龛,一般都以"三尊像"的格局出现,即一佛二夹侍菩萨或一弥勒二夹侍菩萨。

在一铺造像中加入"弟子"的形象,在龙门则首见于古阳洞邑主仇池杨大眼为孝文帝造石像龛(约公元503年)⑥。作法是在主佛舟形火焰纹身光的两侧,用阴线刻出弟子的半身像,左右各五身,共成"十大弟子"。而古阳洞钩楯令王史平吴等造弥勒像龛(见插图五七)中,则是在主尊两侧用浅的阴线条刻出左右各二弟子的侧面立像,共成"四大弟子"。古阳洞北壁上层大龛东起第四龛(约公元505年)⑦,也是在主尊身光外用阴线刻出左右各二弟子像。与此同时,小龛造像仍大量采用三尊像的格局。

龙门"五尊像"(即一佛二夹侍弟子、二夹侍菩萨)格局的确立,最早见于古阳洞安定王元燮为亡祖妣造释迦像龛(见插图二二)。该龛的二弟子,一老者居右,一少者居左。这种选择一老一少二弟子夹侍的作法,后来形成定式。二弟子均用**d**代表之。

依据弟子的刻法及服饰变化,可分为七式:

dI式 例龛:古阳洞钩楯令王史平吴等造弥勒像龛(见插图五七)。在主像身光两侧上下各刻一身弟子,阴线刻,皆披双领下垂式袈裟,侧面向主尊。有三身弟子双手合十供养,一身弟子只出一手,另一手裹于袈裟中。

dII式 例龛:古阳洞安定王元燮为亡祖妣造释迦像龛(见插图二二)。用阴线刻出二弟子侧面侍立像。右侧者年老,刻出胸前的肋骨,右手持莲蕾一枝;左侧者年青。二弟子身披袈裟,足穿云头履,头部周围有圆形头光。

dIII式 例龛:古阳洞清信弟子刘洛真兄弟为亡父母造弥勒像龛〔延昌元年(公元512年)十一月四日〕(插图六八)。二弟子高浮雕出正面像,着双领下垂袈裟,赤足侍立。右弟子右手持物上举,左手置腹前;左弟子双手残损。姿式不清。

dIV式 例龛:古阳洞汾州刺史赫连儒造弥勒像龛〔神龟二年(公元519年)六月三日〕(插图六九);古阳洞罗某造弥勒像龛〔神龟二年(公元519年)四月〕(插图七〇)。二弟子内着僧祇支,外着双领下垂式袈裟。双手合十,两袖之间向下垂出一圆形衣角,饰以横向圆弧纹,衣角底部作尖桃状。有的小龛的弟子着通肩式袈裟,如古阳洞邑师慧畅及杜安迁等廿三人造释迦像龛(见插图二八)。此式弟子采用年老者居主像之左,年青者居主像之右的作法。后代沿袭不变,成为定式。

dV式 例龛:赵客师洞阳烈将军樊道德造释迦像龛〔永熙二年(公元533年)七月十日〕(插图七一)。二弟子皆将袈裟的右下襟撩起,搭于左肘外,垂下一个三角形衣角。弟子的袈裟自胸部以下作圆弧纹,两袖下垂的纹样左右对称。

dVI式 例龛:莲花洞某氏造释迦像龛(见插图五四)。二弟子左右下襟

六六 莲花洞苏胡仁等造释迦龛

六七 莲花洞明胜造释迦像龛

六八 古阳洞刘洛真兄弟造弥勒像龛

六九 古阳洞赫连儒造弥勒像龛

七〇　古阳洞罗某造弥勒像龛

七一　赵容师洞樊道德造像龛

七二　古阳洞惠感等造像龛

撩起,在拱起的双手间(在腹前正中),翻出一个三角形衣角,衣纹用双线条刻出。

dVII式　例龛:药方洞都邑师道兴合邑人等造释迦像龛(见插图八)。二弟子的左袖均下伸至足部,右袖较短,由左肩至右足部的袈裟刻以若干条斜向衣纹。

七、　力士像的演变

龙门北朝小龛中力士像的出现是造像组合中又一重大变化。

七三　药方洞路僧妙造释迦像龛

小龛中的力士出现比较晚,有纪年最早的是古阳洞邑师惠感等造像龛〔神龟二年(公元519年)三月十五日〕(插图七二)。其作法是把二力士刻于主龛左右两翼的侧龛之中。也有将力士刻于龛下部附属壁面的左右侧,如古阳洞赵阿欢等卅五人造弥勒像龛〔神龟三年(公元520年)六月九日〕(见插图二九);古阳洞清信女孙思香为亡息造观世音像龛(见插图三三)。

由一佛(或弥勒等)、二弟子、二菩萨、二力士构成的"七尊像"的格局,是龙门北朝小龛造像中发展最高的表现形式。与此同时,三尊式及五尊式仍大量使用着。

依据力士姿态及服饰的变化,可分六式(以I代表之):

II式　例龛:古阳洞邑师惠感等造像龛(见插图七二);古阳洞赵阿欢等

七四　古阳洞昙静造释迦像龛

七五　北朝小龛飞天

1　古阳洞南壁第三层龛内背光

2　古阳洞北壁第二层龛内背光

3　古阳洞北壁第二层龛内背光

4　古阳洞北壁第二层龛龛楣

5　古阳洞南壁第三层龛龛楣　　　　　　　　　　　6　古阳洞南壁第三层龛龛楣

卅五人造弥勒像龛。力士裸上身，着帔帛，下着裙，腰束带，两腿间伸下一带。一腿弓步，一腿侧伸。头侧向主像，一臂抱拳上举，一手叉腰，作用力护卫状。

III式　例龛：莲花洞清信女宋景妃造释迦像龛（见插图五一）。仅存右侧力士。着**W**形帔帛，左手举掌，身体直立，作威慑状。

IIII式　例龛：药方洞清水县开国公李长寿妻陈晕造释迦像龛（见插图五一）；药方洞清信士路僧妙造释迦像龛〔普泰二年（公元532年）四月廿四日〕（插图七三）。力士体态略同III式，但双臂紧夹，双拳紧握，状如拳击。

IIV式　例龛：古阳洞比丘尼□昙造像龛（见插图六三）；古阳洞孙思香龛（见插图三三）。力士身体直立，有**X**形帔帛，以一手提帔帛之一角，另一手托掌向上。或双手在胸前作抱球状。

IV式　例龛：古阳洞比丘昙静为大统寺造释迦像龛〔武定三年（公元545年）十一月十日〕（插图七四）。力士一手抱拳，一手举掌，侧首向主像。左力士头戴桃形冠。

IVI式　例龛：药方洞都邑师道兴合邑人等造释迦像龛（见插图八）。力士刻于主龛内最外两侧。头戴冠，宝缯向上飘动。双腿横跨一步直立，一臂握拳上举，一臂握拳下垂于体侧。

七六　魏字洞北壁弥勒像龛

八、飞天的演变

龙门北朝小龛中的飞天，一般刻于主尊背光或龛楣中（参见插图七五）。根据飞天的姿态及服饰的变化，可分为三式（以**f**代表之）：

fI式　例龛：古阳洞长乐王丘穆陵亮夫人尉迟氏为亡息牛橛造弥勒像龛（见插图一三）；古阳洞比丘慧成为亡父始平公造像龛（见插图一四）。飞天裸上身，略胖。下着长裙，裙腰正中露出圆形衣角。身体曲成**U**形，飘动的帔帛在头后呈横向长圆形。魏字洞北侧弥勒大龛〔约太和末年（公元499年）〕（插图七六、七七）的飞天也属此式⑧。

fII式　例龛：古阳洞邑主高树等卅二人造石像龛（见插图四四）；古阳洞邑主马振拜等卅四人造石像龛（见插图二六）。**fII**式飞天发生较大变化，体形略瘦，呈**U**字形，飘动的帔帛在头后呈二个尖桃形。小腿屈回，裙裾从屈回处向后方飘扬，不露足。而高树等卅二人造石像龛的飞天，仍保留双腿平伸并露双足的痕迹，可视作**fI**式向**fII**式的一种过渡。

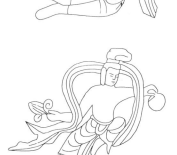

七七　魏字洞北壁弥勒像龛龛楣、背光飞天

⑧　该龛弥勒及飞天同**XI**式、**fI**式，故推断不晚于太和末年。

187

八一：1 古阳洞北壁第二层第三龛内维摩像

八一：2 古阳洞北壁第二层第三龛内文殊像

七八 古阳洞慧畅等造像龛龛楣飞天

七九 古阳洞赵阿欢等造像龛龛楣飞天

八〇 古阳洞法兴造弥勒像龛

fIII式 例龛：古阳洞齐郡王元祐造神像龛（见插图一五）；古阳洞邑师慧畅及杜安迁等廿三人造释迦像龛（插图七八）；古阳洞赵阿欢等卅五人造弥勒像龛（插图七九）。飞天头戴高冠，身后飘扬的帔帛呈长圆形。身姿动态较大，有的回首张望；有的将双足盘曲至头顶上。在飞天间刻出流云、香花等物。

九、 狮子的演变

龙门北朝小龛中的狮子，最初只刻于交脚坐菩萨像的双腿左右以及结跏趺坐佛龛龛基附属壁面的左右侧。稍晚，则刻于上述两类主像下垂衣纹的两侧。

根据狮子形态的变化，可以分为五式（狮子以S代表之）：

SI式 例龛：古阳洞长乐王丘穆陵亮夫人尉迟氏为亡息牛橛造弥勒像龛（见插图一三）；古阳洞比丘慧成为亡父始平公造像龛（见插图一四）。狮子作正面叉腿蹲踞状，头部侧向主像。用波折状阴线刻出狮子毛，胸部正中突出一条胸线，形体较瘦，尾巴拖于地面（即龛底）。

SII式 例龛：古阳洞比丘法兴造弥勒像龛〔永平四年（公元511年）九月一日〕（插图八〇）；古阳洞清信弟子刘洛真兄弟为亡父母造弥勒像龛（见插图六八）。狮子姿势略同SI式，但较胖，往往取消胸线。胸部长长的鬃毛向后上方张开，或胸部的长毛向两边分开。

SIII式 例龛：古阳洞杜永安造无量寿佛龛；古阳洞赵阿欢等卅五人造弥勒像龛（见插图二九）。变化之点是刻出二狮的侧面形象，头部转向龛外侧，作卧状或奔走状，皆举起一爪。

SIV式 例龛：赵客师洞阳烈将军樊道德造释迦像龛（见插图七一）；古阳洞平东将军苏万成妻赵归亲造释迦像龛（见插图三四）。刻出二狮的侧面形象，但头部在内侧，尾巴在外侧，而面部向外。有的刻鬃毛包围头部，有的取消了鬃毛。二狮皆举起一爪或仅一狮举一爪。

SV式 例龛：莲花洞某氏造释迦像龛（见插图五四）；药方洞都邑师道兴合邑人等造释迦像龛（见插图八）。狮前腿直立，后腿蹲踞，尾巴上翘。二狮皆举一爪，或一狮举一爪。

八四　莲花洞元某等造像龛内维摩像

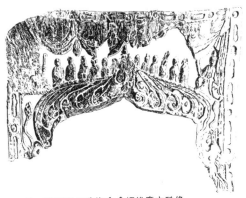

八五　路洞法相造像龛龛楣维摩文殊像

一○、　文殊、维摩对坐说法形式的演变

在龙门北朝小龛中，文殊、维摩对坐说法形式的雕刻，大都刻在小龛内主像背光的两侧（插图八一）和龛外上方龛楣的左右侧角（插图八二）。此种形式最早见于古阳洞钜鹿魏灵藏、河东薛法绍造释迦像龛（约公元502～503年）⑨，系浮雕而成，位于佛像身光左右侧的上方。文殊居左侧，维摩居右侧。在古阳洞中层南北壁八龛之中，有五龛刻出此种形象。文殊及维摩皆坐于宝帐之内。上述八龛完工的时间，约自正始末年至延昌年间（公元507～515年）⑩。

八二·1　古阳洞南壁第一层小龛内文殊像

值得注意的是上述八龛中，南壁东起第二龛，将维摩置于佛的左上方，文殊置于右上方。这样的布局，后来成为定式。

根据文殊及维摩形象及附属道具的变化，可分为五式（以W代表之）：

WⅠ式　例龛：古阳洞钜鹿魏灵藏、河东薛法绍造释迦像龛。文殊居佛像之左，菩萨装，盘坐，露一足，双手举于胸外左右侧，若演说姿势；维摩居佛像之右，头戴尖顶冠，下巴上有三角形胡须，坐榻上，右手执麈尾，旁有闻法弟子侍立。

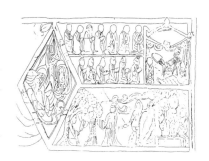

八二·2　古阳洞南壁第一层小龛内维摩像

WⅡ式　例龛：古阳洞南壁中层东起第二龛（时间下限约公元515年）。与WⅠ式相反，维摩居佛像左侧，文殊居于右侧，此后成为定式。

WⅢ式　例龛：古阳洞邑师慧畅及杜安迁等廿三人造释迦像龛（见插图二八、八三）；古阳洞杜永安造无量寿佛像龛。特点是取消了维摩的三角形胡须，文殊前面加刻一株莲花。

WⅣ式　例龛：古阳洞比丘慧荣造释迦像龛（见插图五○）；火烧洞沙门慧荣造释迦牟尼像龛〔正光四年（公元523年）三月廿三日〕。特点是文殊以一手举如意，维摩垂直举麈尾。后来，有的文殊坐于叠涩方座上，有纪年最早的如莲花洞比丘尼明胜造释迦文佛像龛（见插图六七）。维摩有颈系项圈者，坐于帐中，但无几、案之设。或闻法者手持莲花，如莲花洞元某等法仪廿余人造石像龛〔永熙二年（公元533年）八月廿日〕（插图八四）。

WⅤ式　例龛：路洞比丘法相造像龛〔武定七年（公元549年）二月十五日〕（插图八五）。文殊及维摩取消了宝帐、几、案及侍从天女，唯存闻法比丘等，皆低首合十作倾听状。

八三　古阳洞慧畅等造像龛龛楣维摩文殊像

小龛号	小龛名称	小龛形制 (单位:厘米)				造像组合	小龛造	
		小龛尺寸 高宽深	题记尺寸 高宽	龛形	装饰内容		主像	夹侍弟子
古11	长乐王丘穆陵亮夫人尉迟氏为亡息牛橛造弥勒像龛。	123 105 20	72 33	圆拱龛	十一童子牵华绳,下部左右各一身飞天。二童子间刻莲花蕾一朵。	↑×↑	交脚弥勒头戴冠,宝缯Ω形平伸再上翘,帔帛从肘部沿肩后斜下再绕肘外扬。右臂屈胸前,出一指,左手指捏帔帛于膝头。上裸,斜披络腋,下着羊肠纹大裙。颈系桃形项圈,臂有钏,腕有镯。	无
古14	步辇郎妻一弗氏为亡夫造像龛	26 23 4	11 32	尖拱龛	尖拱内刻卷草纹,两侧立柱上刻连珠纹,龛底刻水波纹。	↑○↑	结跏趺坐,禅定印,磨光高肉髻,眉目不清,上身可见斜披络腋,袈裟一角从左肩头斜过右手腕以下,二膝头刻弧形纹。	无
古50	高楚造弥勒像龛	50 45 4	18 30	圆楣龛	圆拱内刻卷草葡萄纹。	↑×↑	交脚弥勒头戴高冠,宝缯从头上两侧斜下,帔帛从耳下斜至肩下,颈系串珠项圈,腰似束带,大裙用锯齿纹作衣纹。	无
古15	比丘慧成为亡父始平公造像龛	240 175 38	90 40	圆拱龛	龛楣内刻十一童子牵华绳,每二童子间刻一朵莲花。龛楣下缘为二龙矫首,二龙踏一平台,由四臂夜叉双手托住。夜叉披X形串珠璎珞,腰系牛鼻裈,脚踏地鬼。	↑○↑	主佛结跏趺坐,头残,内着僧祇支边饰串珠,袈裟自左肩向右斜披,搭右肩一角。双手禅定印,两膝头刻弧形纹。斜披络腋,有折带纹,衣纹作浅直平阶梯式。	无
古9	北海王元详为母子平安造弥勒像龛	130 94 15	76 42	圆楣龛	龛楣内刻十五童子牵华绳	↑×↑	交脚弥勒头戴高宝冠,宝缯斜上伸,再折二折垂下。帔帛自宝缯处斜下至双肩部作羽状,再绕至腹前交叉,绕肘外飘下。颈系桃形项圈,在颈下缀双珠,有臂钏手镯。	无
古16	都绾阙口游橛校尉司马解伯达造弥勒像龛	37 36 4	12 35	圆楣龛	十一童子牵花绳	↑×↑	交脚弥勒残,只见宝缯上飘	无
古49	郑胤兴造像龛	30 29 4	24 17	方形龛	方形下为帷幕,左右角为文殊维摩诘	⊢×⊣	残	无
古62	云阳伯郑长猷为亡父敬造弥勒像等四龛。	166 90 4	50 30	圆楣龛	圆拱内刻卷草葡萄纹	↑×↑	主像交脚弥勒残,形式同古9。	无
古52	新城县功曹孙秋生二百人等造像龛	205 152 63	137 50	双龙尖拱龛两侧有立柱	尖拱内自上而下共三重:八身飞天,十身供养天,十一身化佛。化佛结跏趺坐,禅定印。立柱为隐出八棱柱。柱头饰莲瓣纹,下有夜叉托举。	↑○↑	主佛结跏趺坐。内着僧祇支,边饰串珠,袈裟自左肩向右下斜披,有折带纹,又搭右肩一角。双手禅定印。双腿刻弧形纹,膝头刻涡纹。头光三重,外重飞天十二身。	无
古18	比丘惠感为亡父母造弥勒像龛	82 65 10	8 37	圆楣龛	十一童子牵华绳。	↑×↑	交脚弥勒头残,颈系桃形项圈,披璎珞,至腹前交于圆环上,下着羊肠纹密褶裙,腰束带。	无
古13	邑主高树等卅二人造石像龛	95 80 12	40 28	圆拱龛	九童子牵华绳。	↑○↑	主佛同古52,但膝头无涡旋文。	无
古44	佛弟子赵双哲造像龛	29 23 3	13 25	尖拱龛	无	↑○↑	主佛有磨光高肉髻,长圆脸,着通肩式袈裟,禅定印,结跏趺坐。	无

像 特 征	造像题材			小 龛 附 属 装 饰			纪 年(公元)
夹侍菩萨	力士	佛	菩萨	飞天	狮子	供养人	
左立菩萨服饰同主像,左手下垂提净瓶,右手举胸前。右立菩萨毁去。	无		弥勒	二飞天身体呈U形,左双手合十,右双臂平举,小肘上举帔帛。不露足。头光中亦有飞天十身。	蹲踞弥勒膝头,头部均侧向弥勒,有胸线,用横向锯齿纹阴刻作毛。	均刻于二飞天下,左刻二人男性,胡装,手持长莲花蕾。右侧残存一人,男性,服饰与左侧同。	太和十九年十一月(495)
不清	无	?		无	无	无	太和廿年(496)
左菩萨头戴菱形宝冠,颈系桃形项圈,左右肩至胸前有串珠装饰,双手合十,腰束带。帔帛自头顶斜下,再绕肘外飘。右菩萨合十,有腰带,下着裙。	无		弥勒	无	同古11式样	无	太和廿二年二月十日(498)
左菩萨头戴高宝冠,颈有项圈,缀以若干串小珠。帔帛交叉于腹前,然后上卷于肘外,右手举胸前持莲花,左手下垂提桃形物,右菩萨略同左侧者,唯左手持莲花,右手下垂提净瓶。	无	?		头光三重,身光二重。有供养天及伎乐人,皆有冠,上裸,帔帛飘扬,不露足。	在夜叉座下有狮子,同古11式样。	佛台下正中为博山炉,左右侧各有二身胡跪供养人。	太和廿二年九月十四日讫(498)
右菩萨头戴菱形宝冠,服饰、帔帛皆同主像,腰束带,下着裙,衣纹细密贴于腿部,双手合十,左侧者头残,余略同右侧者。合十。	无		弥勒	无	同古11式样,胸线明显。	残存龛下部右侧五人,皆站立二持扇者侍从,女性,左侧男性,前有比丘、供养主及侍从。	太和十八年十二月十一日立愿(494),太和廿二年九月廿三日克就(498)。
右菩萨冠同古50、古9,右手下垂提净瓶,左手屈胸前举桃状物。颈系连珠项圈,身披连珠璎珞,作X状交叉腹前,交叉处有花结。左侧者略同。唯双手皆不持物。	无		弥勒	无	不详	不详	太和年造(约495-499)
残	无	?		不详	不详	不详	景明元年(500)
同古9	无		弥勒	无	同古11式样	无	景明二年九月三日诚讫(501)
二菩萨头均残,颈系桃形项圈,身上帔帛作X形交叉于腹前,飘于肘外,下着裙,衣纹细密贴腿。右侧者右手下垂提净瓶,左侧者左手下垂持帔帛。	无	?		飞天身作U状,帔帛在头后环绕,手有持连蕾者,皆露足。	狮子在龛下方,蹲踞供养人左右,形式同古11,头略品。	佛下正中为二龙盘绕的博山炉,左右侧各有二供养人胡跪。	景明三年岁在壬午五月戊子朔廿七日造讫(502)(太和七年发愿?)
右菩萨残。左菩萨头戴菱形冠,披连珠璎珞交穿于腹前圆环中,双手合十,肩头有二圆形饰物。帔帛自耳上呈八字垂下。	无		弥勒	无	同古11,略胖	无	景明三年五月卅日(502)
菩萨上体不清,腰束带,帔帛自肩外呈圆形绕肘后飘下,二菩萨皆一手抚胸前,一手持帛。	无	?		主佛头光有飞天八身,状同古52,唯手中不持物。	无	无	景明三年五月卅日(502)
二菩萨瘦高,皆双手合十,衣饰不清。	无	?		无	无	无	景明三年五月卅日(502)

小龛号	小龛名称	小龛形制 (单位:厘米)				造像组合	小龛造	
		小龛尺寸 高宽深	题记尺寸 高宽	龛形	装饰内容		主像	夹侍弟子
古2	尹爱姜等廿一人造弥勒像龛	62 37 3	42 18	圆楣龛	圆拱内刻卷草葡萄饕餮纹	↑×↑	头戴菱形高宝冠,正中有化佛。宝缯平出再下飘肩外。颈系桃形项圈,帔帛X形交叉。	无
古1	广川王祖母太妃侯为亡夫广川王贺兰汗造弥勒像龛	96 60 4	60 40	盝顶龛	盝顶正中梯形刻一博山炉二飞天,两侧菱形格中及外侧梯形格内各刻一飞天。梯形下刻一饕餮,口衔华绳。	↑×↑	冠及面部残。宝缯同古2。帔帛交叉于腹下,不穿环。耳下至肩部有三个云头状的波纹。帔帛在肘外飘起。	无
古7	邑主马振拜等卅四人造石像龛	70 57 4	58 34	盝顶龛	梯形中刻一博山炉二供养天人。其余四格各刻一飞天。盝顶下是卷起的帷幕,垂于龛的两侧。	↑o↑	主佛毁去	无
古3	广川王祖母太妃侯氏为孙愍延年造弥勒像龛	110 80 15	26 82	圆楣龛	九童子牵华绳	↑×↑	残。宝缯及云头状波纹同古1	无
古17	清信女贾元婴造弥勒像龛	31 23 3	7 21	圆楣龛	不详	↑×↑	残	无
古8	比丘慧乐为北海王造石像龛	136 100 12	61 26	圆拱龛	内刻飞天若干身	↑×↑	同古1,但交叉于腹前的帔帛穿环。半身地夜叉托交脚像的双足。	无
古53	比丘法生为孝文帝并北海王母子造像龛	213 180 56	37 34	尖拱龛	尖拱上边为连珠纹及帷幕,下刻五佛六供养菩萨。下边是二龙矫首,两侧为隐出六棱柱,柱头上下有莲瓣装饰。	↑o↑	主佛结跏趺坐,服饰同古15,但胸前刻卐字。	无
古4	比丘道仙造像龛	25 24 2	10 25	盝顶龛	有帷幕	↑o↑	主佛着双领下垂袈裟,禅定印,坐于低坛上。	无
古48	清信女高思朔为亡符四品造释迦文佛像龛	49 37 5	37 12	盝顶龛	盝顶不分格,共刻九佛。下有帷幕,以短带吊起。	↑o↑	残毁,仅知其坐于方台上。	无
古25	钩楯令王史平吴等造弥勒像龛	120 93 15	85 9	盝顶龛	正上梯形格及两侧菱形格内共刻七佛四供养菩萨,再外各一飞天。其下为饕餮及帷幕,左右又各刻二飞天。	↑↓×↑↓	弥勒略同古8,但帔帛不穿环,左手不抚膝而是举胸前,屈三、四指,伸一、二、五指地。两腿正中出一绅带,羊肠纹大裙密褶分两重作八字分开。	主像两侧各有浅浮雕二弟子立像。二弟子上部二身飞天。
古66	清信女敦煌造弥勒像龛	29 27 5	30 8	盝顶龛	不清	↑×↑	残毁	无
古10	长秋承祀允为宫内大监常法端造释迦像龛	104 82 11	28 54	盝形龛	盝顶格内刻六身飞天,左右上角有供养天人。盝顶下为帷幕。主像左右有立柱,二菩萨侍立于立柱外侧。	↑o↑	残毁,但可知释迦坐方台上。	无
古47	安定王元燮为亡祖妣造释迦像龛	160 145 18	27 50	屋形龛	歇山式屋顶,脊上刻金翅鸟,脊端鸱尾小。大殿三开间,隔以收刹的六棱柱,柱头上替木直承檐枋,有人字补间。	↑↓o↑↓	头已残,结跏趺坐于长方台上,着双领下垂袈裟。内着僧祇支,束胸带,作一小结,再下垂至脚上部。领部高浮雕,袈裟一角绕左肘再垂至外侧,裙裾覆台座前分二重呈八字分开。左手掌举胸前,右掌向外,屈三、四指,伸一、二、五指地。	弟子浮雕,右为迦叶,右手持莲蕾,左为阿难,侧向主佛。
古24	孙大光造释迦像龛	20 13 3	11 13	尖拱龛	尖拱中无雕饰,两侧有立柱	o	磨光高肉髻,脸型长圆,双领下垂袈裟,禅定印。	无
古23	杨小妃造释迦龛	17 12 2	13 10	尖拱龛	同古24	↑o↑		无
古29	杨安族造释迦龛	23 17 4	24 6	尖拱龛	同古24	↑o↑	同古24	无
古19	比丘法转造弥勒龛	48 44 5	30 9	盝顶龛	龛顶格内无雕饰,下为帷幕	↑×↑	宝缯横出再下飘,帔帛交叉再绕肘外。	无
古20	弟子□闻造释迦龛	26 20 4	14 13	圆拱龛	无雕饰	↑o↑	双领下垂袈裟,手印同古47。	无
古21	弟子丁坦之造像龛	25 19 3	14 13	尖拱龛	无雕饰	↑o↑	衣饰同古20,禅定印。	无

192

像 特 征				造像题材		小 龛 附 属 装 饰			纪 年
夹侍菩萨		力 士	佛	菩萨	飞 天	狮 子	供 养 人		(公元)
皆头戴菱形宝冠,颈系桃形项圈,双手合十。帔帛X形交叉腹前再绕肘外飘,不穿环。		无		弥勒	无	二狮子略胖。	无		景明三年六月廿三日 (502)
同古2		无		弥勒	飞天身体作U形,帔帛在头上作半圆状,足部由卷起的帔帛掩盖。	二狮子同古2,弥勒两足间有博山炉,状如莲花。	无		景明三年八月十八日 (502)
二菩萨皆头戴平顶花冠,脸长圆,宝缯先平伸下垂再弯向外垂下。耳下及肩外有三个云头状波纹,帔帛交叉于膝上。		无	?		飞天略同古1,唯头上的帔帛作桃状(尖向上)。	无	无		景明四年八月五日 (503)
同古7		无		弥勒	无	不清	无		景明四年十月七日 (503)
不清,仅知皆双手合十。		无		弥勒	无	不清	无		景明四年十一月一日 (503)
略同古7,但颈上桃形项圈有一铃,皆双手合十。		无	?		身体作跪式,不露足,帔帛在身后,头上两帔帛向上。	狮子昂头、张口,略胖。	无		景明四年十二月一日 (503)
右菩萨残,仅知其右手提净瓶,左菩萨略同古7,但帔帛穿环,左手提净瓶。		无	?		在二菩萨上方各有一飞天,略同古8。	无	龛下正中为题记,左右为男女供养行列。女共九人,男共六人,皆作行进状。		景明四年十二月一日 (503)
皆双手合十而立,身高及佛肩。		无	?		无	无	无		正始元年十一月三日 (504)
二菩萨皆头戴平顶宝冠,身帔帛,交叉腹前,不穿环,双手合十末立。		无	释迦文		无	无	无		正始元年十一月四日 (504)
二菩萨略同古48,但左菩萨左手下垂提桃形物,右菩萨右手下垂提净瓶,左手于胸前举连蕾。		无		弥勒	同古8。	二狮子略胖,有胸线。	无		正始二年四月十五日 (505)
同古2		无		弥勒	无	同古25	无		正始二年七月十二日 (505)
二菩萨戴平顶冠,帔帛交叉不穿环,腰束带,下着羊肠纹大裙,呈两个Ω形拖至地。		无	释迦		同古8。	无	无		正始三年岁次丙戌三月丙寅朔十九日讫 (506)
二菩萨面部残,帔帛交叉不穿环,两腿间下伸一带。菩萨身后左右各有三个三角形衣纹,如羽翼。		无	释迦		二菩萨头光上各有二身相对飞天,手托博山炉,飞天下有流云。	无	龛下左侧供养行列共十三人,右侧十人。持伞、盖、羽葆者侍于侧。供养主褒衣博带,着履,前有比丘,比丘尼引导。		正始四年二月中讫 (507)
无		无	释迦		无	无	无		正始三年六月卅日 (506)
不清		无	释迦		无	无	无		正始三年十二月廿二日(506)
不清		无	释迦		无	无	无		正始四年正月卅日(507)
帔帛交叉不穿环,下着裙。		无		弥勒	无	同古25,无胸线。	无		正始四年六月一日(507)
二菩萨戴菱形冠,双手合十。		无	释迦		无	无	无		正始四年一月十一日(507)
不清		无	?		无	无	无		正始四年十一月十一日(507)

小龛号	小龛名称	小龛形制（单位：厘米）				造像组合	小龛造像	
		小龛尺寸 高 宽 深	题记尺寸 高 宽	龛形	装饰内容		主像	火侍弟子
古22	李庆兴造像龛	22 17 4	13 10	尖拱龛	无雕饰	↑ o ↑	同古21	无
古28	阙口关吏史市荣造释迦像龛	15 14 2	14 11	圆拱龛	二龙矫首，龙身作龛楣。	↑ o ↑	同古21，禅定印双手下作若干同心圆纹。	无
古26	阙口关功曹□放光造释迦文佛龛	18 20 3	16 17	圆拱龛	同古28	↑ o ↑	同古21	无
古27	阙口关功曹吏张英周妻苏文好造石像龛	12 12 2	13 11	方形龛	方形下为帷幕	↑ × ↑	头戴菱形冠，帔帛交叉于腹前，下着羊肠纹大裙。	无
古41	清信女马生聿造释迦牟尼像龛	15 13 2	10 13	圆拱龛	无雕饰	↑ o ↑	同古21	无
古58	清州桃泉寺道宋造弥勒像龛	25 23 2	14 22	盝顶龛	盝顶格内无雕饰，下为帷幕。	↑ × ↑	头戴平顶冠，余同古27。	无
古12	□氏造像龛	30 26 6	35 7	方形龛	方形下刻帷幕	↑ o ↑	主佛有磨光高肉髻，脸长圆，着双领下垂式袈裟，一角绕左肘外垂下。右掌举胸前；左手掌心向外，二指下指，另二指屈回。结跏趺坐于方台上。	无
古5	弟子贾元婴造释迦龛	58 40 5	12 30	圆楣龛	无雕饰	↑ o ↑	残毁	无
古43	比丘尼法庆造弥勒像龛	23 25 5	13 24	方形龛	方形下及龛左右均刻帷幕	↑ × ↑	头残。帔帛交叉于腹前，下着羊肠纹大裙，衣纹贴腿。	无
古67	比丘尼惠智造释迦像龛	71 38 13	25 11	尖拱龛	尖拱内刻七佛	↑ o ↑	主佛头残，内着僧祇支，外披双领下垂式袈裟，一角自右手横过，绕左肘外垂下。结跏趺坐，衣纹呈双重八字形覆盖方台座前。八字正中伸下一条。左手同古12，右手同古12。	无
古68	黄元德等造弥勒像并五十三佛。	57 54 2	27 13	盝顶龛	盝顶梯形格上方左右刻鸱尾，正中刻金翅鸟。盝顶中无雕饰，其下有帷幕，龛上部及左右有千佛小龛53个。	↑ × ↑	同古43	无
古71.	比丘法兴造弥勒像龛	30 27 4	20 12	盝顶龛	龛楣残，龛下及左右有帷幕。	↑ × ↑	弥勒帔帛不穿环，腰束带，双手姿势同古25。	无
古45	比丘法僧造释迦像龛	17 24 3	20 9	尖拱龛	无雕饰	↑ o ↑	释迦服饰略同古67，但无方台座。	无
古46	比丘法僧造释迦像龛	24 17 4	8 18	尖拱龛	无雕饰	↑ o ↑	同古45	无
古34	清信女、尹伯成妻姜氏造观世音像龛	19 11 2	9 13	方形龛	左右上角各刻莲花蕾一个	↑ ↑ ↑	主像菩萨装，帔帛交叉腹前不穿环，下着大裙，左手五指向下，右手举胸前。	无
古36	清信弟子刘洛真兄弟为亡父母造弥勒像龛	27 25 4	10 19	盝顶龛	顶内无雕饰	↑｜× ↑｜↑	主像交脚弥勒头戴平顶冠，宝缯斜折叠再飘至肩外，腰束宽带，帔帛交叉于膝间，不穿环，下着大裙，衣纹贴腿。	二弟子穿双领下垂袈裟，余不详。
古35	弟子刘洛真为亡兄惠宝造释迦像龛	17 10 3	5 13	尖拱龛	无雕饰	↑ o ↑	同古45	无
古56	比丘尼法兴因患造释迦像龛	37 28 6	27 9	尖拱龛外方	外方形内尖拱。尖拱内刻七佛，方形左右上角各刻二身合十供养人，龛两侧有立柱。	↑ o ↑	头残，内着僧祇支，伸出一带，外为双领下垂袈裟，一角横出，绕左肘外飘下。在脚部垂出二个长圆形衣纹。袈裟呈二重八字形覆盖座前。	无
古64	佛弟子代妙姬造像龛	18 18 4	30 12	尖拱龛外方	外方内尖拱，无雕饰。	↑ o ↑	同古28，但两臂用横向圆弧表示衣纹。	无
古63	张师伯等十四人造弥勒像龛	66 60 8	46 20	盝顶龛	盝顶格内共刻十三佛，龛下刻帷幕。	↑ × ↑	弥勒交脚坐于高方台上，两脚下为小莲座。头戴菱形冠，面部残。颈系桃形项圈，肩头各有三个圆角形衣纹。腰束宽带，下出一条。帔帛呈慢慢圆弧于腹下两膝间。右手举掌，左手微屈抚膝。	无

| 像 特 征 | | 造像题材 | | 小 龛 附 属 装 饰 | | | 纪 年 |
夹侍菩萨	力 士	佛	菩 萨	飞 天	狮 子	供 养 人	（公元）
同古20	无	?		无	无	无	正始四年十一月十一日(507)
不清	无	释迦文		无	在坐佛两侧,略胖。	龛左侧一供养人,戴冠,穿交领袍。龛右侧一莲花童子	正始五年四月廿日(508)
皆合十,立莲座上。	无	释迦文		无	无	龛左侧一供养人,不清。	正始五年四月二日(508)
皆合十侍立	无	?		无	略胖	龛外右侧二人合十供养	正始五年四月廿日(508)
皆合十侍立	无	释迦牟尼		无	无	无	永平元年九月十六日(508)
左侧合十立,右侧左手举莲蕾。	无		弥勒	无	略胖	无	永平元年(508)
同古41	无	?		无	无	无	永平二年六月廿四日(509)
皆戴菱形冠,合十。	无	释迦		无	残	无	永平二年十一月十六日(509)
同古5	无		弥勒	无	二狮子近弥勒的一腿皆侧伸出来,略胖。	无	永平三年九月四日(510)
左菩萨双手合十,右菩萨左手持一物举胸前,右手下垂。	无	释迦		无	无	无	永平三年十一月廿九日(510)
二菩萨皆戴平顶冠,合十侍立。帔帛交叉于膝下。	无		弥勒	无	同古43	无	永平四年二月十日(511)
同古68	无		弥勒	无	胸毛长,向两边分开,侧一腿。	狮子旁各有一胡跪供养人	永平四年九月一日(511)
二菩萨戴菱形冠,皆合十侍立。	无	释迦		无	无	无	永平四年十月三日(511)
二菩萨戴平顶冠,皆合十侍立。	无	释迦		无	无	无	永平四年十月三日(511)
同古46	无		观世音	无	无	无	永平四年十二月十二日(511)
二菩萨同古46	无		弥勒	无	同古71	同古71	延昌元年十一月四日(512)
合十侍立,余不清。	无	释迦		无	无	无	延昌元年十一月(512)
同古35	无	释迦		无	无	供养人低首合十而立	延昌二年八月二日(513)
同古35	无	?		无	无	无	延昌二年(513)
右菩萨戴平顶冠,帔帛交于腹上,下着裙,底裾向外展开。双手拱,左菩萨头戴菱形冠,余同右侧者。	无		弥勒	无	二狮子蹲于脚下莲座两侧。昂首,举一爪向莲座。	无	延昌三年八月二日(514)

195

小龛号	小龛名称	小龛形制 (单位:厘米)				造像组合	小龛造	
		小龛尺寸 高宽深	题记尺寸 高宽	龛形	装饰内容		主像	火侍弟子
古32	白洛生造释迦龛	16 12 3	13 7	尖拱龛	无	↑o↑	结跏趺坐，双领下垂袈裟，右肩下一角斜过腹前绕左肘外，双手下出同心圆形。	无
古39	尹跑房造多宝像龛	12 13 3	4 15	圆拱龛	无	o o	左佛同古32，右佛取消右肩下横过腹前的一角。皆禅定印。	无
古65	比丘某造像龛	26 20 4	8 19	方形龛	方龛下及左右有吊起的帷幕	↑介↑	佛善跏趺坐，双领下垂大衣，右肩下一角横过胸腹之间绕左肘外，左手举掌右手抚膝。	无
古51	齐郡王元祐造神像龛	170 113 30	37 37	圆拱龛	圆拱上缘刻九龙首衔华绳，最下二龙为侧面，其余为正面。	↑×↑	主像头残，颈系一铃桃形项圈，左掌举胸前，右手心向外，屈一、二、四指，帔帛在腹中穿环。下着裙，腰束带，二脚各踏一小圆座。	无
古69	汾州刺史赫连儒造弥勒像龛	33 36 5	10 36	盝顶龛	正顶格分成二格，共刻四坐佛，每两佛间以一支连花分开。二菱形格中各有一身连花化生童子。最外二格各为一身五体投地跪拜人。盝顶下有吊起的帷幕。	介↑×↑介	头藏宝冠，冠上刻化佛。余同古51式。唯脚下无小圆座。	二弟子披领下垂袈裟，合十侍立，浮雕，外侧以一支连花与菩萨相隔，左弟子为老者，后为定式。
古55	邑师慧畅、杜安迁等廿三人造释迦像龛	45 55 9	22 24	盝顶龛，有二侧龛。	正顶格刻三佛，两边格各二佛，共"七佛"。二菱形格内各刻二飞天。左上角刻维摩举麈尾，二弟子合十侍立。右上角之殊左舒坐，前为一支连花，有二弟子合十侍立。	↑↑o↑↑	主佛结跏趺坐于方坛上，双领下垂袈裟，右肩下一角绕左肘外。袈裟在足下出二圆形衣纹。下边分两重呈八字分开，双手残。禅定印。	皆为圆领袈裟，合十侍立。
古60	邑师惠感等造像龛	29 31 3	39 14	盝顶龛，有二侧龛。	正顶格分成二格，各刻一坐佛，二菱形格中为跪拜童子。下有吊起的帷幕。	力介↑×↑介力	主像同古51式。唯二足踏一圆座。	同古69
古59	杜永安造无量寿佛龛	51 47 6	12 44	外方内尖，有二侧龛。	尖拱内刻七佛，每二佛间有一合十比丘供养，方形角维摩，右角文殊。左右侧龛分上、下两重。龛下横幅内刻博山炉及供养人。	介↑o↑介	主佛头残，着双领下垂袈裟，右肩下一角绕左肘外。禅定印。双手下出圆形同心圆衣饰，下裙八字形分两重分开。	皆合十侍立。
古73	罗某造弥勒像龛	34 34 5	16 34	盝顶龛，有二侧龛。	梯形格及两侧格内各刻二身坐佛，着圆领通肩袈裟，二菱形格各刻一莲花化生童子。左右上角分两排各刻七佛。盝顶下为帷幕，正中刻一兽头。	介↑×↑介	弥勒头戴化佛宝冠，帔帛交叉穿环，右手举胸前，左手不详，二腿残。	皆合十侍立，胸以下衣纹作同心圆状。
古53	比丘知因造弥勒龛	24 26 4	13 27	似为盝顶龛	残	介↑×↑介	弥勒帔帛自右肩垂下，至膝下再绕左肘外。右手举于胸前，左手详，坐方台上。	皆合十侍立。
古57	赵阿欢等卅五人造弥勒像龛	91 93 18	75 26	盝顶龛	顶格刻九佛，菱格内各刻二飞天，左边格佛传故事：树下诞生，七步生莲，九龙灌顶。右边格佛传故事：不详，二阿私陀仙人占相。左上角帐中维摩及众比丘。右上角之殊及众比丘。盝顶下兽头衔华绳帷幕。	力介↑×↑介力	弥勒颈系一铃项圈，帔帛交叉不穿环，下着大裙，衣纹八字分开，二层。双脚由地神托住。	二弟子立连花圆连座上，足穿靴，皆举掌。
石牛溪1	田黑女造释迦双龛	45 80 10	13 80	流苏方形龛顶龛	方形双龛之上刻一长条带，内刻三角形流苏纹。盝顶内各刻九佛。	↑o↑	两主佛皆同古59式，唯下裙无八字形衣褶。	无
古42	比丘慧荣造释迦龛	37 45 7	9 9	盝顶龛，有二侧龛。	顶格刻三佛，两边格各刻二佛，共为"七佛"。二菱格刻连花化生童子。七佛皆有小尖拱。左上角刻维摩持麈尾并二比丘。右上角刻文殊持如意并二比丘。盝顶下有吊起的帷幕。	↑↑o↑↑	主像头残，结跏趺坐，左手屈三、四指，余指向下，右掌举胸前，双领下垂袈裟坐坛上。衣纹分两重呈八字形分开。右肩下袈裟一角绕左肘外。	二弟子皆合十侍立。

像 特 征		造像题材		小 龛 附 属 装 饰			纪 年 (公元)
火侍菩萨	力 士 (或侧龛中菩萨)	佛	菩萨	飞 天	狮 子	供 养 人	
平顶冠,皆合十。	无	释迦牟尼		无	无	无	延昌四年二月二日 (515)
无	无	释迦多宝		无	无	无	延昌四年八月廿四日 (515)
同古32	无	?		无	二狮子在菩萨脚下,略呈正面蹲踞,较胖。	无	延昌某年 (512—515)
两菩萨皆帔帛不穿环,左侧者左手提桃形物,右侧者右手举莲蕾。	无		神像	圆拱华绳下与主像身光上部月形内刻四身飞天。不露足。有流云布列。	在主像脚侧,残。	无	熙平二年七月廿日造 (517)
皆合十侍立,帔帛呈圆形垂于膝下部。	无		弥勒	无	残毁	无	神龟二年六月三日 (519)
不清	在"侧龛"中,左菩萨帔帛交于膝下圆环上。右手举掌,左手持桃形物。右菩萨右手举胸前,左手下垂。	释迦		跪式,不露足,裙衣从膝部以下飘出,帔帛绕身后。	无	无	神龟元年六月十五日 (518)
同古69	在侧龛中,左力士右手抱拳,左手叉腰,右腿侧伸,左腿弓步,右力士动作与之相反。	?		无	残	残	神龟二年三月十五日建 (519)
在侧龛内,腰束带,帔巾交义腹下,不穿环。	无	无量寿佛		无	二菩萨脚下有二狮子,皆举右爪,头上毛向后扬起。	有博山炉及右侧供养比丘。	神龟二年四月廿五日 (519)
在侧龛内,右菩萨合十,帔帛交义腹前穿环。	无		弥勒	无	二狮子残	不详	神龟二年四月 (519)
左菩萨合十侍立,右菩萨毁去。	无		弥勒	无	较胖,侧出一足。	狮子外侧各有一胡跪供养人。	神龟三年三月廿五日 (520)
残,侧身向弥勒。	龛下左右为二力士,弓腿抱拳。上裸,下着裙,腰束带。		弥勒	屈腿弓身,帔帛绕头上飘扬。	二狮子在力士内侧皆张口扬爪。鬓毛向后飞扬。竖尾。	无	神龟三年六月九日 (520)
同古59	无	释迦二身		无	无	无	正光二年七月十五日 (521)
二菩萨侧身合十侍立	"侧龛"中刻二菩萨,皆帔帛交义不穿环,皆举右掌,左手下垂。	释迦		无	无	无	正光二年八月廿日 (521)

小龛号	小龛名称	小龛形制 (单位：厘米)				造像组合	小龛造	
		小龛尺寸 高 宽 深	题记尺寸 高 宽	龛形	装饰内容		主像	夹侍弟子
古33	佛弟子徐朝和造像龛	14 12 2	13 6	方形龛	无	↑o↑	结跏趺坐,禅定印,双领下垂袈裟。	无
古37	比丘惠荣造弥勒龛	21 35 6	15 36	盝顶龛	不清	↑↑×↑↑	左手屈三、四指,右手举掌,帔帛不穿环。	皆合十侍立
火1	大统寺大比丘惠荣造像龛	66 59 6	13 21	盝顶龛有二侧龛	同古42	↑↑o↑↑	残,只见双领下垂袈裟,右肩下一角绕左肘外。右手举掌。	左弟子双手捧一圆形物,右弟子合十。着双领下垂袈裟,双手以下出同心圆纹。
火2	司徒公崔父室孝要光造像·区。	22 20 2	10 5	方形龛	方形下为帷幕	↑o↑	同古33	无
火3	沙门惠荣造释迦牟尼像。	58 64 5	20 15	盝顶龛有二侧龛	同古42,但帷幕边缘饰以串珠纹。残。	↑↑o↑↑	同古42	略同火1
魏1	邑主王法□妻田氏造观世音龛。	28 29 3	8 20	方形龛,龛下出模幅式附属壁面	方形下有吊起的帷幕,龛下方有横幅。	↑↑↑↑	观世音头残,颈系项圈,右手举掌于胸前,左手下垂,站立,赤脚,帔帛交叉于腹前大环中。	皆合十侍立,双领下垂袈裟,双手以下出同心圆形,下着裙,纵条纹。
魏2	比丘尼法照造弥勒像龛	29 28 3	8 20	盝顶龛,龛下出附属壁面	盝顶中刻七佛,均在尖拱龛中。菱格内为莲花化生童子。左上角二胡跪供养人。右上角残人一人,龛下为帷幕。	↑↑×↑↑	弥勒头残,帔帛穿环。	同魏1式
魏3	优婆夷李氏为亡女造无量佛龛	40 32 5	12 20	外方内尖龛,有二侧龛,下出附属壁面	方形下刻帷幕,尖拱内刻五坐佛,尖拱底边刻二龙联体形。两侧龛为方形,左右上角各刻二供养菩萨。	↑↑o↑↑	佛头残,禅定印,结跏坐,不露足,内着僧祇支,外披双领下垂大衣,右肩一角至左肘外,衣纹呈二重分开。	皆合十侍立
火4	比丘尼道静造石像龛	52 38 6	8 30	外方内尖,有二侧龛,下出横幅附属壁面	方形下刻帷幕,尖拱内刻五佛,左右上角各刻三身供养菩萨。	↑o↑	略同魏3式	无
连1	苏胡仁合邑十九人等造释迦像龛	63 58 10	35 40	外方内尖龛,有二侧龛	方形下刻窄的帷幕,二孔雀尾交合成尖拱龛楣。尖拱正中刻博山炉,两侧各有三身伎乐天人。方形与尖拱间左右上角各刻九身供养菩萨。	力↑↑o↑↑力	主佛头残,结跏坐,露·足,左掌在脚上,右掌举胸前。内着僧祇支,系带,外着双领下垂袈裟,右肩一角绕左肘外,胸以下呈横向衣纹。袈裟下部出二圆形衣饰,再下为八字形分开双重衣纹。	二弟子皆合十侍立,身高至菩萨肩下。
古61	比丘尼□□造弥勒像龛	62 54 7	12 19	盝顶龛,有四侧龛	盝顶上加刻一排十六身坐佛,皆有尖拱小龛。顶格内刻七佛,二菱格内刻莲花化生童子,边格不清,右上角文殊残,左上角维摩残。盝顶下有帷幕。两侧龛分上下二层,上层中刻禅定比丘,下层中刻立佛(?)	9↑↑×↑↑9	弥勒头残,但可见宝缯斜下至肩头,双手残,双足踏两小圆座,其下为一方台。颈系一铃项圈,帔帛作W状交叉,下着大裙,腰束带,有圆形饰物。大裙下摆呈八字分开。	右弟子合十侍立,左弟子手中捧宝珠,皆下着裙,外披袈裟。
魏4	周天盖造无量寿佛龛	45 32 3	15 25	外方内尖龛,下有附属壁面	方形下有帷幕,系带有花结。尖拱内无雕饰。	↑o↑	主佛头残,结跏坐,禅定印,着双领下垂袈裟,右肩下一角绕左肘外,双袖衣纹盖住腿部,只露膝盖。	皆合十侍立。
魏5	比丘尼僧璨造释迦像龛	36 30 4	12 25	外方内尖龛,下有附属壁面,有侧龛	方形下有帷幕,尖拱内刻卷草纹,尖拱下为二鹿联体圆拱楣。侧龛内各胡跪供养人,左右上角各三身供养菩萨。	↑o↑	同连1式	皆合十侍立
魏6	紫内司尼某为亡尼法晖造弥勒龛	23 18 2	8 15	方形龛	方形下刻帷幕	↑↑↑	弥勒立式,头戴平顶冠,帔帛在膝下横过一条,右手举掌,左手下垂,下着裙,腰束带。	无
魏7	清信女王氏为夫宁远将军造弥勒像龛	45 46 5	8 30	盝顶龛	顶格三佛,两边格各二佛,共七佛,菱格内化生童子。左上角维摩及二人,右上角文殊及二人。	↑↑×↑↑	弥勒帔帛作W状垂于膝下。左手屈三、四指,右手持莲蕾举胸前。	皆合十侍立

像　特　征		造像题材		小　龛　附　属　装　饰			纪　年
夹侍菩萨	力士（或侧龛菩萨）	佛	菩萨	飞　天	狮子	供养人	（公元）
皆合十侍立	无	？		无	无	无	正光二年十月廿二日(521)
皆合十侍立	无		弥勒	无	张口,侧足。	胡跪,龛左右下角各一人。	正光二年十二月七日(521)
皆合十侍立	左侧菩萨服饰与弟子同,右侧菩萨帔帛呈W形交于膝下。	？		无	无	主龛下左右角各一人胡跪,龛下横幅内刻二比丘合十。	正光三年七月十七日(522)
左不清,右合十侍立。	无	？		无	无	左、右下角各一胡跪供养人。	正光三年八月七日(522)
左合十侍立,右毁去。	仅存左侧龛中菩萨帔帛呈W状交膝下。	释迦牟尼		无	无	不详	正光四年三月廿三日(523)
皆合十侍立,帔帛不穿环。	无		观世音	无	无	无	正光四年四月十六日(523)
同魏1式	无		弥勒	无	无	有供养人三人,皆胡跪。	正光四年岁次癸卯九月甲申朔九日(523)
在方形侧龛中,皆合十侍立,帔帛W交,不穿环。	无		无量寿佛	无	无	无	正光四年九月十五日(523)
在方形侧龛中,头戴平顶冠,双脚外八字。	无	？		九	无	龛下"横幅"中左侧刻三供养人,右侧二人,皆侍立。	正光五年三月廿六日(524)
二菩萨颈系桃形项圈,帔帛交义不穿环。一手持莲蕾,手提帔帛一角。	二力式在侧龛中,已残毁。	释迦		伎乐人皆卧式,不露足,帔帛呈圈形飘于身后,有流云,持乐器者四人。	无	无	正光六年岁次乙巳朔五月十五日(525)
帔帛作W状交汇。	侧龛内左右各刻一立佛(？),外披交领袈裟,内着裙。		弥勒	二紧那罗刻于盝顶边格内,残。	二狮子头向外,鬃毛长而后扬,举一爪。	龛下横幅内残存供养人头部三个,一人持莲花。	孝昌元年七月十七日(525)
二菩萨在龛柱外侍立,皆合十,帔帛呈W状。	无		无量寿佛	无	无	无	孝昌二年二月八日(526)
二菩萨在侧龛中。皆合十侍立,帔帛呈W状,不穿环。	无	释迦		无	无	胡跪二人,在左右侧龛之上。	孝昌二年二月廿三日(526)
皆合十侍立,帔帛呈W状,左菩萨帔帛在膝下横过一条。	无		弥勒	无	无	无	孝昌二年四月廿三日(526)
帔帛W状,皆一手举胸前,一手下垂持帔帛。	无		弥勒	无	二狮子张口侧头,双腿外分而立。	无	孝昌二年四月廿八日(526)

小龛号	小龛名称	小龛形制（单位：厘米）				造像组合	小龛造	
		小龛尺寸 高宽深	题记尺寸 高宽	龛形	装饰内容		主像	夹侍弟子
魏8	左藏令荣九州造像龛	46 35 5	12 15	方形龛	方形卜为吊起之帷幕，龛卜有横幅。	↑○↑	头残，结跏趺坐，露·足，左手卜垂，右手举掌，双领卜垂袈裟，内着僧祇支。坐方台座上。	皆合十侍立。
魏9	郗会为亡比丘尼法明造观世音像龛	41 31 4	12 20	方形龛	方形卜为吊起之帷幕，束带有花结。	↑○↑	头残，站立，左手卜垂，右手举胸前。着双领卜垂袈裟，右肩卜·角绕左肘外。腰束带，有小结。袈裟在腰以卜作同心圆状，大裙作竖条纹。	左弟子合十侍立。右弟子举右手，左手卜垂。
魏10	门内南侧卜起第三龛	69 69 5	？？	盝顶龛，卜有横幅，有侧龛。	顶格三佛，左右上角各三佛，皆尖拱。菱格内各刻·飞天，有流云，左边格刻维摩，右边格刻文殊。	↑×↑	弥勒头残，右掌举胸前，左手抚膝，帔帛交大圆环中。颈系桃形项圈。	二弟子侧向弥勒，衣饰不详。
连2	清信女黄法僧为亡姚造无量寿佛龛	35 24 6	15 24	外方内尖龛卜有附属壁面。	方形卜为吊起之帷幕，内为尖拱龛，尖拱内无雕饰。	↑○↑	头残，禅定印，结跏趺坐，不露足。着双领卜垂袈裟，右肩卜·角绕左肘外，双手卜出同心圆状衣纹。两袖八字分开，只露膝头。	无
魏11	丁䂭邪造无量寿佛龛	33 32 5	10 32	外方内尖龛，有二侧龛，卜有横幅。	同连2式	↑○↑	同连2式	皆合十侍立
连3	清信女宋景妃造释迦龛	80 85 8	15 47	外方内尖·二屋形侧龛。	方形卜为吊起之帷幕，有花结。二龙尖拱楣内刻七佛，两端各·供养菩萨，·化生童子。左上角维摩，二侍女，七听法比丘。右上角文殊二侍者，七听法比丘。尖拱左右侧各有二供养菩萨合十而立。	力↑○↑力	主佛略同魏8式，唯衣纹呈三人字纹两重卜垂。僧祇支束带。	左弟子拱手，右弟子合十侍立。
魏12	比丘尼僧□造弥勒龛	50 48 4	10 30	盝顶龛	顶格三佛，二边格各二佛，共七佛，皆尖拱，菱格内化生童子。左上角维摩，二侍女·右上角文殊，二比丘。盝顶卜为吊起之帷幕。	↑×↑	弥勒藏平顶冠，右掌举胸前，左掌屈二、三、四、五指，伸腹前，衣饰不清。	左弟子合十侍立，右弟子不清。
连4	比丘尼法恩造释迦文佛像龛	30 31 3	8 20	尖拱龛	二卷草纹尖拱龛，尖拱内刻火焰纹，二弟子立龛外侧。	↑○↑	同魏8式，右肩卜·角绕左肘外，以卜为同心圆纹。	左弟子右手平伸，左卜垂。右弟子右手持香炉，二弟子皆袒右肩袈裟，穿圆头履。
连5	比丘尼明胜造释迦文佛像龛	60 52 7	10 13	外方内尖龛	方形卜刻帷幕，有花结。内为卷草尖拱龛，尖拱内刻"七佛"。左上角刻维摩，高冠，交领衫，右手执拂尘，四比丘合十恭立·右上角刻文殊，莲花冠，右手举如意，坐叠涩方座上，五比丘合十恭立。卷草外侧左有供养比丘，右有供养菩萨侍立。右菩萨外侧有·女供养人。	↑○○↑	主像二结跏趺坐佛相对，皆露·足，左佛举右手，左手伸手掌于脚上部，着双领卜垂袈裟，右肩卜·角绕左肘外。右佛同左佛，唯姿势相反。	二佛外侧各·弟子合十侍立。
石牛溪2	张欢□造观音佛像龛	33 28 3	12 15	方形龛，卜有附属壁面。	方形卜为帷幕	↑↑↑	主像为·立菩萨，帔帛于腰间穿环，再绕两肘外飘卜至地。卜着羊肠纹大裙，卜摆呈两人字分开。	无
药1	清水县开国公李长寿妻陈晕造释迦像龛	50 56 5	16 17	外方内尖龛，有二侧龛，卜有附属壁面。	方形卜有帷幕，束带有花结。内为二龙尖拱龛，尖拱内无雕饰。左右上角各有四比丘合十侍立。	力↑○↑力	主佛结跏趺坐，左手屈三、四、五指，右掌举胸前。双领卜垂袈裟，披覆方台座前，衣纹疏朗散乱。	二弟子皆合十侍立
普1	比丘尼道慧·法胜造观世音像龛	26 30 4	16 12	方形龛，卜有附属壁面。	方形卜刻帷幕	↑↑	略同石牛溪2式主像，唯两肩头各有·圆形饰物与两圆角形物。皆右手举掌于胸前，左手卜垂，屈三、四、五指。	无

200

像 特 征		造像题材		小 龛 附 属 装 饰			纪 年 (公元)
夹侍菩萨	力士 (或侧龛中菩萨)	佛	菩萨	飞天	狮子	供养人	
皆合十侍立	无	?		无	无	无	孝昌二年五月八日 (526)
二菩萨戴菱形冠,合十侍立,帔帛呈W状。	无	观世音		无	无	无	孝昌二年五月十五日 (526)
在侧龛中,皆合十侍立,帔帛呈W状,不穿环。		?		飞天身体作U形,双手捧物,下有流云。	张口,侧足立。	左菩萨左下角有一胡跪供养人,右菩萨右下角残。	孝昌二年 (526)
尖拱龛柱外为二菩萨,合十侍立,帔帛呈W状,不穿环。	无	无量寿		无	无	无	孝昌三年正月十五日 (527)
在侧龛中,同连2式。	无	无量寿		无	无	无	孝昌三年三月廿三日 (527)
同连2式	在屋形侧龛之内,左残去,右力士右手举掌,左手残,有W形帔帛。	释迦		无	二狮子头向外,回首向中心,尾拖于地。	无	孝昌三年四月八日 (527)
左菩萨合十侍立,右菩萨不清。	无		弥勒	无	二狮子头向外,回首,举一爪张口。	二狮子外侧各刻一胡跪之供养人。	孝昌三年四月廿八日 (527)
二菩萨皆头戴菱形冠,合十侍立。	无	释迦文佛		无	无	无	大魏孝昌三年岁在丁未五月廿四日(527)
二菩萨在尖拱龛外左右侍立。左菩萨束一高冠,头发Y状,右手提净瓶,左手举胸前,帔帛X状交叉于腰间圆环上。下着竖纹大裙。右菩萨头戴花冠,宝缯上扬,肩上有二圆形饰物。颈系一铃项圈,帔帛X状交叉腰间圆环上。左手平举,右手下垂。	无	释迦文佛		无	龛下横幅左右刻二狮子,头向外,回首,张口,蹲踞。	女供养人合十侍立	孝昌三年岁在丁未五月廿四日。 (527)
二菩萨皆帔帛交叉,不穿环。左菩萨右手上举,左手下垂。右菩萨与之姿势相反。	无		观音佛	无	无	横幅左侧三男供养人合十侍立。右侧二女供养人,抄手侍立。	大魏永安二年 (529)
二菩萨合十侍立。	左右侧龛中有二力士,左侧毁去,右侧者左手抱拳,弓步。	释迦		无	佛造下方左右各一狮子,蹲踞,翘尾。	横幅左侧刻三供养人(男),右侧刻女供养人三身及三侍女。	永安三年七月十五日 (530)
无	无	观世音		无	无	横幅左一供养人比丘、男供养人侍立,右一供养比丘尼、一女供养人,持莲花。	大魏普泰元年岁次辛亥八月戊戌朔十五日壬子(531)

小龛号	小龛名称	小龛形制 (单位：厘米)				造像组合	小龛造	
		小龛尺寸 高宽深	题记尺寸 高宽	龛形	装饰内容		主像	夹侍弟子
药2	清信士路僧妙造释迦像龛	27 26 5		外方内尖龛，附二屋形顶侧龛，下有附属壁面。	方形下刻帷幕，有花结。尖拱龛内无雕饰，左右有立柱，外侧为二屋形小龛。左上角刻帐中维摩及七比丘，右上角刻帐中文殊及七比丘。二角下部各有比丘二人。	力↑回↑力	主佛右脸残，略同药1式。	二弟子皆合十侍立。
赵1	阳烈将军樊道德造释迦像龛	49 36 6	12 15	盝顶龛，有两侧龛，龛下有附属壁面。	顶格及二边格内各刻尖拱坐佛二身，菱格内刻莲花化生童子。左上为维摩，并二比丘，右上角为文殊并二比丘。盝顶下刻帷幕。	↑回↑	主佛着双领下垂袈裟，右角下一角绕左肘外，左手屈三、四指，右手举掌。结跏坐，露二足。台座前衣纹疏朗，呈八字形二重分开。	二弟子在侧龛中，右弟子合十，左弟子举左掌。
连6	元某等二十余人造石像龛	120 128 10	64 40	外方内尖龛，龛下有附属壁面。	方形下有帷幕，系花结。尖拱残，正中刻宝珠，两侧刻飞天。左上角刻维摩及持花供养人，右上角残，两故事以下各刻飞天。	↑|||↑	主佛略同赵1式，唯左手屈三、四、五指，右手残。台座前衣纹略呈同心圆式。	右弟子合十，左弟子双手捧物。
古31	陵江将军殷桃树造无量寿佛龛	22 21 3	12 19	外方内尖龛，下有附属壁面。	方形下刻帷幕，有花结。尖拱内刻火焰纹。	↑回↑	结跏坐，禅定印。双领下垂袈裟，右肩下一角绕左肘外，双手出同心圆纹，两膝头刻同心圆纹。	无
古30	比丘尼□昙造像龛	35 25 4	7 7	二龙尖拱龛，两边有屋形侧龛。	龙口向上，含莲花。尖拱内刻火焰纹，残。	力↑回↑力	菩萨戴冠，宝缯平伸再折下，颈系桃形项圈，帔帛X形交于腹前圆环上，下着竖纹大裙，腰束带，带结下伸。	二弟子以袈裟裹两手。
古74	清信女孙思香为亡息造观世音龛	44 30 6	8 14	外方内尖龛，有屋形侧龛。	方形下刻帷幕，有花结。内为二龙尖拱，尖拱内刻火焰纹。左上角刻维摩及五比丘，右上角刻文殊及五比丘。龙口向上，含莲花。	力↑|||↑力	同古30式，唯不见宝缯。	左弟子同古30式，右弟子合十。
普2	比丘尼道真为亡父母造释迦像龛	34 37 4	10 14	盝顶龛，下有附属壁面。	顶格刻三佛，左右边格各刻一佛，菱形格中刻莲花化生童子，左上角刻维摩，右上角刻文殊，盝顶下刻帷幕。	↑回↑	主佛结跏趺坐，露二足。右掌举胸前，左手屈三、四、五指。内着僧祇支，束带，有结。外披双领下垂袈裟，右肩下一角绕左肘外，衣纹覆方台座前，疏朗，呈八字形分开。	右弟子裹双手，左弟子合十。
古75	清信女曹敬容为亡夫造像龛	28 20 3	4 15	尖拱龛	尖拱内无雕饰	↑回↑	略同普2式主佛，唯作禅定印。衣纹覆台座前分三重呈八字分开。	皆合十侍立。
古70	平东将军苏万成妻赵归亲造释迦像龛	43 60 4	16 35	外方内圆拱龛，有二侧龛，下有附属壁面。	方形下为帷幕，有花结。圆拱正中刻一坐佛，左上角刻三坐佛，右上角刻三坐佛，共为七佛。	力↑回↑力	略同普2式。台座前衣纹散乱。	左弟子合十，右弟子裹手。
古72	比丘昙静为大统寺造释迦像龛	38 45 4	10 25	外方内尖龛，有二侧龛，下有附属壁面。	方形下刻宽大帷幕，有花结。尖拱内无雕饰，两侧各有一跪拜俯首比丘。	力↑回↑力	同古70式	两弟子皆裹手。
连7	某氏造释迦像龛			方形龛，下有附属壁面。	无雕饰	↑回↑	主佛结跏趺坐于叠涩方台座上。残，只存右腿部，刻纵向同心圆纹。	左弟子裹手，右弟子不详。

像　特　征		造像题材		小　龛　附　属　装　饰			纪　年（公元）
火侍菩萨	力　士（或侧龛造像）	佛	菩萨	飞　天	狮　子	供　养　人	
二菩萨亦合十侍立。	屋形龛内刻二力士,左力士右手抱拳,左手横出腰间,抱拳。右力士姿势相反,皆侧伸一腿,弓一腿,侧首向中心。	释迦		无	在主佛座前两侧,举一爪,略胖。	横幅左侧刻四侍立供养人,右侧刻三侍立供养人。	普太二年四月廿四日（532）
二菩萨也在侧龛中,右菩萨合十立,左不详。帔帛在膝下呈U状。	无	释迦		无	佛座前正中为博山炉,左右二狮子,举一爪,长鬃毛,翘尾巴。	横幅左侧一男供养人举莲蕾,一侍女随从。右侧一女供养人举莲蕾。	永熙二年七月十日（533）
二菩萨侧立	无	石像		卧式,帔帛自腋下向上飘扬。	举一爪,翘尾巴。	不详	永熙二年八月廿日（533）
二菩萨皆合十侍立,帔帛呈一条圆形横过膝下。	无	无量寿		无	无	无	永熙二年九月十日（533）
二菩萨合十侍立	二力士在屋形侧龛中。右残,左力士举右掌,左手下垂,有帔帛,昂首。	?		无	无	无	天平三年五月十五日（536）
同古30式	左右力士在屋形侧龛下,一手托掌,一手持帔帛一角,立于莲座上。昂首。		观世音	无	无	横幅左、右下角各一供养人,身后有一莲苞一莲叶。	天平四年正月廿一日（537）
右菩萨合十,帔帛不穿环;左菩萨右手举肩部,左手下垂提帔帛一角,帔帛穿环。	无	释迦		无	无	横幅左一供养人(男),二侍从,右二女供养人,一侍从。	天平四年四月十二日（537）
皆合十侍立	无	?		无	无	无	天平四年七月廿五日（537）
右菩萨合十,左不详。	二力士在侧龛内。皆有帔帛不穿环。左力士右手抱拳,左手伸掌,侧首向中心。右力士举左掌,右手下垂。	释迦		无	佛座前左右为狮子,头向外,举一爪。	无	大统六年四月廿八日（540）
两菩萨皆合十,帔帛不穿环。	二力士在侧龛内,略同古70,唯左力士戴桃形冠。	释迦		无	同古70,残。	无	武定三年十一月十日（545）
二菩萨头戴平顶冠,宝缯下垂。右菩萨右手下垂提桃形物,颈系双桃形项圈,下着裙,不系带,自腰间卷出二块同心圆衣纹。腿间刻横向同心圆衣纹。	无	释迦		无	在横幅左右各刻一狮子,前腿直立,后腿蹲踞,翘尾。	横幅中央为博山炉,左右各一跪拜供养人。	天保八年十一月（557）

小龛号	小龛名称	小龛形制 (单位:厘米)				造像组合	小龛造像	
		小龛尺寸 高宽深	题记尺寸 高宽	龛形	装饰内容		主像	夹侍弟子
路1	比丘县山合邑等造石像龛	118 100 10	40 30	方形龛	方形下左右角刻菩提树。	↑o↑	主佛结跏趺坐,禅定印,内着僧祇支,胸间系带,有花结。外着双领下垂袈裟,两肘上衣纹作八字形分开。双手下出同心圆纹衣褶。台座前作疏朗衣纹。不露足。	左弟子襄双手,右弟子合十。
药3	都邑师道兴合邑人等造释迦像龛	70 58 5	166 63	方形龛,下有横幅。	方形下刻帷幕,帐顶悬挂宝饰四联,每联由三重宝玉、宝珠构成,下缀宝缨。龛底用莲瓣纹装饰。	力↑o↑力	主佛结跏趺坐,不露足。左手抚膝头,右手伸无名指,举胸前,坐八角束腰莲座上。双领下垂袈裟,二腿间用横向纹联络。	二弟子合十侍立。

一一、 小结

在上述各节中,我们分别对龙门北朝小龛的龛形、各类造像、装饰艺术等方面的演变作了考察。因这种考察只限于有纪年的小龛,所以有一定的局限性。但是,演变的总趋势则是可以肯定的。

现在,为明晰起见,我们将所考察的二十个项目按年代发展序列,综合制成《龙门北朝小龛各项变化年表》附此。

龙门北朝小龛各项变化年表

像　特　征		造像题材		小　龛　附　属　装　饰			纪　年 (公元)
夹侍菩萨	力士 (或侧龛造像)	佛	菩萨	飞天	狮子	供　养　人	
左菩萨残，右菩萨左手举胸前持莲蕾，右手提桃状物。	无	？		无	无	无	武平三年九月十二日 (572)
左菩萨不详，右菩萨帔帛横过膝下一道，左手下垂提帔帛，右手举胸前。	一手举拳，弓步。	释迦		无	横幅正中刻圆形小龛，内刻博山炉。左右二圆形小龛内为二狮子，前腿直立，后腿蹲，翘尾。	无	大齐武平六年岁次乙未六月甲申朔功记 (575)

从表中可以看出：各项变化大都发生在公元495～535年这四十年之间，而公元535～580年这四十五年的变化则较少。前四十年，正是北魏建都洛阳的时期，也是艺术创作、宗教生活最活跃的时期。后四十五年则是北魏分裂后国都迁离洛阳，以及频繁战乱的时期。

鲜卑族拓跋氏所建立的北魏政权，在代京（今山西省大同市）时期大肆崇佛的结果，创造出了雄伟灿烂的武州塞石窟（即今云冈石窟）。我们所研究的龙门石窟，就是云冈石窟的继续和发展[11]。

在龙门北魏早期小龛中，沿袭云冈石窟风格的作法是很明显的：佛像着袒右肩袈裟，左领斜下的部份有折带纹，内着镶有串珠的僧祇支，双手作禅定印（a_1I式、a_2I式）；交脚坐菩萨像斜披络腋，有折带纹，自宝缯出处斜下两条带子（XI式、XII式）；夹侍菩萨服饰与交脚坐菩萨相同（P_2I式）；飞天较胖，头部后有横向长圆形帔帛飘动（fI式）；三尊像布局的普遍采用等等，这一延续期的年代下限，大约是公元500年前后。

在宣武帝（元恪）前期（公元500～510年），对旧的风格进行了巨大的改革，新的龙门风格开始形成。主要表现是：佛像着双领下垂式袈裟，袒右肩式袈裟迅速被淘汰（a_1II式）；交脚坐菩萨像的帔帛呈X形交叉，取消了斜披络腋式（XIII式）；夹侍菩萨也用X形帔帛，交叉处流行穿圆环（P_2III式）；飞天变瘦，有尖桃形帔帛在头后飘动，小腿屈回，长裙飘曳，不露足（fII式）；流行阴刻或浮雕弟子及文殊、维摩对坐说法的形式（WI式）等等。这些变化，奠定了龙门北魏风格的基调。

在宣武帝后期（公元510～515年），大约从永平至孝明帝（元诩）熙平年间，龙门风格有了进一步的发展，主要表现是：五尊像格局的确立，选择一老一少二弟子为夹侍（dII式）；非禅定印佛的流行（a_3I式，a_4I式）；作为主像的立式菩萨的流行（P_1I式）；较胖的、长鬃毛狮子的流行（SII式）等等。

此外，从龛形的演变趋势上，还可以看到：此时圆楣龛（BI式）、尖拱龛（dIII式）俱已消失，代之而起的是外方内尖龛（ADI式）、方形龛（AI式）。就在这种龙门风格发展期内，艺术家所称赞的以"秀骨清像"为特征的人物造型也日趋成熟了。

⑪　宿白：《云冈石窟分期试论》，《考古学报》，1978年1期。

从孝明帝神龟年间起（公元518年），开始了龙门北魏石窟艺术大繁荣的时期。主要表现是：七尊像格局的确立；夹侍弟子中确立了年长者居左、年青者居右的定式（dIV式）；佛像座前下垂的袈裟的羊肠纹复杂而细密（a_2II式、a_4III与a_4IV式）；交脚坐菩萨像双足踏小圆座，帔帛交叉处多数穿圆环（XVI式）；飞天生动多姿、富于变化（fIII式）；狮子举爪或奔走，动势较大（SIII式）；维摩取消了胡须，文殊前加添了莲花（WIII式）；金刚力士大量使用（lI式）等等。

此外，圆拱龛消失（CII式）、外方内尖龛增加左右两个侧龛（ADII式），盝顶龛也增添了左右侧龛（FII式）。

在孝明帝末年前后（公元528年左右），许多形象也有一些变化，如佛像a_3III式和a_4V式的出现、交脚坐菩萨像的消失（XVII式）、力士III式的出现等等，但从总体上观察，仍是前一阶段的继续。

从北魏末年前后起（公元534年），整个造像活动出现了衰退的趋势，首先反映在龛形上大为简化。如外方内尖龛的尖拱内只刻火焰纹（ADIII式），取消了华丽对称的伎乐飞天的布局；盝顶龛的装饰也用千佛代替了飞天和莲花化生童子的样式（FIV式）；佛像（a_1V式和a_4VI式）、菩萨像（P_1III式）、弟子像（dV式）和力士像（lIII式、lIV式）均有简化或公式化的倾向；文殊、维摩说法图取消了几案，后来连宝帐、侍从天女及闻法比丘也取消了。

艺术的衰退固然从一个侧面反映了北魏王朝的衰败和分裂，反映了北朝末年的战乱，但是艺术毕竟有它自身的发展轨迹，在这种衰退中也孕育着新的风格。龙的形象越来越生动，张口含莲，舞动双爪，似欲出壁（ADIII式）。佛像（a_4VII式、a_4VIII式）、菩萨像（P_2VI式、P_2VII式）、弟子像（dVI式、dVII式）和狮子的形象（SV式、SVI式）都出现了新变化。这种新风格至北周、北齐时基本形成。药方洞都邑师道兴龛（公元575年）的八角束腰莲座，菩萨帔帛横过胸、腹间两道，龛形简化，取消细密华丽的装饰纹样等作法，都被隋代和初唐的佛龛所承袭。

综合上述的分析，我们可以把龙门北朝小龛排列成如下五期：

第一期：延续云冈期

约自公元493年～公元499年。

第二期：龙门风格形成期

约自公元500年～公元510年。

第三期：龙门风格发展期

约自公元511年～公元517年。

第四期：龙门风格繁荣期

约自公元518年～公元534年。其中以公元527年为界，可区别为前后两个阶段。

第五期：龙门风格衰退期

约自公元535年～公元580年。其中已孕育出北周、北齐的新风格。

第二部份　龙门北朝主要洞窟的排年

　　龙门北朝较大的洞窟共有十五座,即:古阳洞、莲花洞、宾阳中洞、宾阳南洞、宾阳北洞、火烧洞、慈香 、魏字洞、普泰洞(十四窟)、皇甫公窟(石窟寺)、药方洞、赵客师洞、唐字洞、路洞和沂州洞。

　　关于上述各洞窟的基本情况,可参见附表:《龙门北朝洞窟情况一览表》。

一、　洞窟券面形制的演变

　　在洞窟的外立面做出种种雕饰(即"券面")的作法,是从云冈石窟开始使用①,而在龙门北朝洞窟中流行起来的。这种券面的雕刻渐次演变,直至唐代而不衰。

　　券面的"母型",则来源于早期的石窟和木结构的佛殿。因此,尖拱形和屋形就成了最基本的形式。

　　在龙门北朝的十五座洞窟中,除古阳洞券面情况不明外,另外十四座洞窟都有券面。其中,慈香窟的券面早已毁去;药方洞的券面是后代所增刻;宾阳南洞、宾阳北洞、魏字洞、普泰洞和赵客师洞的券面只有部份遗迹。因此,现在只有七个较完好的券面可供比较和分析。

　　现根据券面由简至繁的演变,可分为六式(以**Q**代表之):

　　QI式　例洞:莲花洞(插图八六)。此式券面可以看作是一个放大了的尖拱龛(**D**),并加上窟口左右各刻一身金刚力士像(参见插图一六～二○)。

　　在莲花洞圆拱形窟门的上方,刻出一个尖拱形。尖拱壁面略向前倾斜,尖拱内刻火焰纹。火焰纹用减地平刻的手法表现,用一组组阴线刻的旋涡纹表示火苗,左右对称,向尖拱的上方尖部集中。尖拱火焰的当中,刻一兽头。兽头面如葫芦,上刻五棱形大目、大鼻和大口。口内含四颗利牙,下伸一长舌。兽头顶髻如火光状,内刻一宝珠形物。

　　在窟门上方与尖拱连接部位,浅浮雕成连体双龙,龙口向外。

　　窟门左右,各雕一身金刚力士像,现仅存南侧一身。力士高210厘米,立于长方形台座上。力士侧身向窟门,左臂屈于胸前举掌,右臂残。帔帛交叉于腹前,有舟形头光。

　　QII式　例洞:宾阳中洞(插图八七)。这是在**QI**式基础上,窟门两侧增加了立柱,力士像头上加上了屋形顶。用小龛来比较,它的布局可概括为"**E**+**D**+**E**"(参见插图一六～二四)。

　　在窟门的上方,沿圆拱形刻出连体双龙,龙首在两侧立柱的上方,双足站立于柱头上。龙首侧向窟门,高浮雕而成。

八六　莲花洞窟门外壁

① 云冈石窟第十二窟的券面上,保存着四阿式屋顶及窟檐,正面作三开间仿木结构的殿堂。一般认为,该窟完工于孝文帝迁都洛阳之前。

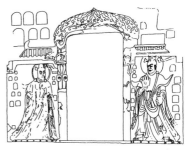

八七　宾阳中洞窟门外壁

龙门北朝洞窟情况一览表

项目 洞名	券面形制	平面尺寸 (单位:厘米)			坛高 (厘米)	三壁造像布局 (含门外力士) 门外{[南壁]+[正壁]+[北壁]}门外
		宽	深	宽:深		
古阳洞	无	西690 东600	1355	2.10	300	{[列龛]+[↑o↑]+[列龛]}
莲花洞	Q I	622	978	1.52	无	力{[列龛]+[↑♀↑]+[列龛]}力
宾阳中洞	Q II	1140	985	0.89	三面环低坛 8	力{[↑♀↑]+[↑o↑]+[↑♀↑]}力
宾阳南洞	(?)	872	818	0.94	三面环低坛 6	唐贞观十五年 (公元641年)完工
宾阳北洞	(?)	973	950	0.98	(?)	唐初完工
火烧洞	Q III	950	1200	1.26	无	力{[列龛]+[↑o↑]+[列龛]}力
慈香窑	(?)	200	220	1.10	三面环高坛 40	? {[↑×↑]+[↑o↑]+[↑o↑]}?
魏字洞	残	570	435	0.76	94	力{[大龛]+[↑o↑]+[大龛]}力
普泰洞	残	514	493	0.96	78	力{[大龛]+[↑o↑]+[大龛]}力
皇甫公窟	Q IV	725	630	0.87	110	力{[大龛]+[↑ ↑o↑ ↑]+[大龛]}力
药方洞	唐代	367	440	1.20	(?)	隋—唐初完工
赵客师洞	残	380	360	0.95	20	唐初完工
唐字洞	Q IV	422	318	0.75	(?)	唐初完工
路洞	Q V	426	527	1.23	90	力{[浮雕=排列龛]+[↑? o ?↑]+[浮雕=排列龛]}力
汴州洞	Q VI	150	130	0.87	26	力{[↑×↑]+[↑o↑]+[大龛]}力

图 例 o 坐佛 × 交脚菩萨 | 立弟子 力 力士 ♀ 立佛 ↑ 思惟菩萨 ↑ 立菩萨 ? 不清

八八 宾阳中洞通道南侧供养菩萨及梵天像

二龙以上为尖拱形。在尖拱形的下部,与龙体平行,浮雕出一条卷草纹花带。尖拱内刻涡旋状火焰纹。

窟门两侧,雕刻隐出的立柱。南侧尚残存柱头部份,北柱已毁。南柱残高152厘米,总高估计为520厘米。柱头为希腊的爱奥尼克式(插图八七),雕凿秀丽,高27、宽60厘米。柱头之上,为一朵侧视莲花,高与宽均为60厘米。

在南北两立柱的外侧,约与龙首高度相等处,各雕出一屋形顶。粗大的筒瓦、鸱尾,富于写实性。两龛下各雕一身金刚力士像,通高448厘米。北力士头戴冠,宝缯横出,身着帔帛,下穿裙,赤足,立于圆莲座上。右手举掌于胸前,左手紧握金刚杵(插图八七)。右力士残甚。

窟门通道处,左右上方刻一身飞天,中部为二身供养菩萨。下方南侧刻四头四臂大梵天,北侧刻一头四臂的帝释天(插图八八)。

宾阳北洞的券面,从残迹上观察,也是浮雕尖拱,内刻火焰纹,中央刻一葫芦状纹样,其下为矫首二龙,龙身沿窟门上方的圆拱形弯曲。北半部崩毁。宾阳南洞的券面基本崩毁无存。

QIII式 例洞:火烧洞(插图八九)。这是在QII式券面的上方雕出横长方形边框,构成"E+AD+E"的布局,使立面宏大、开朗(参见插图二二~二四,四~六,一六~二〇)。

在横长方形的左右,分上下两排刻出乘龙的天人和飞天。南侧是西王母,头双髻,有双翅,着交领衫,右手持一物,脸型略长,面向北。北侧是东王公,戴

主尊	弟子	菩　萨	力士	狮子	飞天	其　　它	本文年代推断 (A·D)
a₂II	无	p₂III	无	晚于主尊 sII	fII		约500年前后
♀	dII–dIII	p₂III–p₂IV	早于lI	无	fII–fIII		约510–513年
a₄III	dIV	p₂IV	早于lI	sII	fIII	wII,地面有图案	约515–517年
					fIII	壁角有"十神王"像	约523年辍工
					fIII	地面有图案,门下雕双龙	约523年辍工
毁	高浮雕	毁	早于lI	(？)	fIII		约516–517年
a₂III	dIV	p₂IV	(？)	sIII	fIII	wIII	520年
a₄IV	dIV	p₂V	残	sIII	fIII		约520–521年
a₄V	dV	p₂V	残	sIV	未完工		约524–525年辍工
a₄VI	dV	p₂V–p₂VI	lI	sIV	fIV	地面有图案	527年
					唐代		约528–529年辍工
					唐代		约533年以前完工
					无		约527年以后动工
a₄VI	dV	p₂V–p₂VI	残	sIV–sV	无		约534年前后
a₄VII	dVI	p₂VI	lV	sV	无	北壁大龛造像略早于正壁	约550年前后

三危冠,着交领衫,下着裙,微露足。右手抱龙颈,左手举长杆,上悬幡。脸型瘦长,面向南。下为飞天,略残(插图九〇)。

尖拱火焰作减地平刻,正中是三宝瓶并莲花图案(插图九〇)。

在拱门上缘及两边缘处,刻出帷幕。

窟门两侧屋形龛下各刻一金刚力士像,现仅存南侧力士的上半身。力士侧首向门,帔帛交叉于胸下部。

QIV式　例洞:皇甫公窟、唐字洞。此式券面有了较突出的变化,即取消了两侧力士上方的屋顶形,在窟门正上方(尖拱以上)刻出大屋顶,形成了"＾D"式的布局(参见插图二二~二四,四~六,一六~二〇)。

皇甫公窟窟门上方的大屋顶,为四阿式(插图九一)。正脊两端有粗大的鸱尾,正中站立一垂翅栖息的金翅鸟。仿木结构的石刻屋檐,出檐55厘米,仿鸱尾,正中站立一垂翅栖息的金翅鸟。仿木结构的石刻屋檐,出檐55厘米,仿刻的筒瓦、椽子(残存十五根)均极写实。

屋顶以下窟门以上,是矫首双龙尖拱形。尖拱内刻七佛,佛像结跏趺坐,有舟形身光。尖拱左右外侧,各刻一身飞天。北侧飞天吹横笛;右侧飞天弹阮咸。回首含睇,体态优美,衣带飘曳,活泼生动。空隙处填以祥云、卐字花纹及莲花化生童子。

窟门两侧二龙爪下刻立柱。立柱中间束腰,已呈图案化。其外为二力士像,皆侧首向门,外侧腿弓步,内侧腿侧伸,手皆残。

窟门南侧刻一丰碑,螭首,方形,高180、宽88厘米,为"太尉公皇甫公石窟

八九　火烧洞窟门外壁

九〇　火烧洞门额东王父及西王母像

209

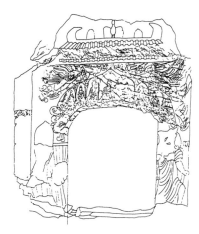

九一　皇甫公窟门外壁

九二　唐字洞窟门外壁

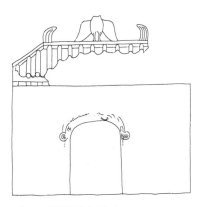

九三　汴州洞窟门外壁

碑"〔大魏孝昌三年(公元527年)岁次丁未九月辛酉朔十七日〕。

　　唐字洞券面也属**QIV**式,但未完工(插图九二)。从构图上观察,总立面是竖向长方形,上有四阿式屋顶,与皇甫公窟相似。

　　唐字洞四阿式屋顶正脊中央,刻一展翅欲飞的金翅鸟,立于屋脊上。正脊两端有大鸱尾,作忍冬叶形,曲线较大。出檐80厘米。筒瓦及椽头亦极富写实感,计刻出椽头十八根。

　　圆拱门上方,有双龙残迹。

　　屋顶以下、拱门以上及左右则布满了后刻的小龛。其中有纪年可查的以门上方北侧比丘普慧等卅人造像龛〔天平四年(公元537年)八月十九日〕为最早。

　　QV式　例洞:路洞。路洞的券面仅存部份残迹。由残迹观察,也是竖向长方形构图。窟门以上是尖拱形,尖拱内刻火焰纹,北半部已崩塌,南侧火焰旁浅浮雕一龙,张口舞爪,面向窟门。龙体已离开火焰纹而独立。

　　窟门南侧力士像,上身侧向窟门(北侧),侧首视门,左臂屈回,举掌于胸前,右手似抚膝。上身袒裸,下着长裙,赤足。北侧力士像已毁。

　　在尖拱正中的上方,刻人首双翼鸟,两翅上举欲飞,双足直立。爪下至尖拱之间壁面崩毁。鸟南侧刻一巨拳,手中握一串珠,上下垂直。尖拱的南侧又刻一龙,龙首南邻两株菩提树。菩提树南下侧刻上下排列的三朵祥云。其余壁面所刻内容已不可辨识。

　　QVI式　例洞:汴州洞(插图九三)。汴州洞的券面结构,也属于"$^E_A{}_D$"式布局,应看作QIV式的简化形式。

　　立面构图呈正方形。上部刻四阿式屋顶,正脊中央刻金翅鸟,作垂翅栖息状。正脊两端的鸱尾、筒瓦及椽头,都较细小。

　　圆拱门上有尖拱,内刻火焰纹。门上方两侧刻以卷草纹,代替了龙的位置。

　　窟门左右二力士像,仅存南侧一身。上身裸,下穿曳地长裙。上身侧向窟门(北侧)。

　　此外,魏字洞、普泰洞和赵客师洞,窟外立面皆残毁严重,仅存局部残迹,整体布局不详。现将各洞券面残迹记录如下:

　　魏字洞券面,从残迹观察,知其门上有一双龙尖拱形。

　　窟门左右有高浮雕力士像各一。北侧力士像侧面向门(南侧),上身裸,下着裙。左臂稍屈,握拳,贴于腰侧。右臂贴胸上举,手亦握拳。右腿侧出,左腿弓步,作用力护卫状。南侧力士像仅残存其右臂一段,下垂,手提帔帛一角。

　　普泰洞券面,亦可知为尖拱形,略倾斜。门南侧有一力士像,风化严重。

　　赵客师洞券面,亦为双龙尖拱形,尖拱内浮雕卷草纹。窟门左右似有立柱,再外二力士像的部位,只凿出石胎,尚未加工成形。

　　药方洞的券面结构,已发生很大的变化。它的外立面呈竖向的长方形,总高度是窟门高度的二倍以上。立面总构图可分为上下两大部份:上部正中为一通大碑,螭首圭额,上刻"究竟庄严安乐净土成佛铭记"〔大唐永隆二年(公元681年）四月廿三日〕。碑左右各刻一身飞天，双足曲至头上；下部正中为窟门。窟门上方是尖拱形，上为莲花状博山炉，左右各有一夜叉托住方碑。窟门两侧有立柱，饰以侧视莲花纹。立柱外侧各刻一力士像。

药方洞的券面开凿时间，已不属本文讨论的范围，故不详述。

从上述洞窟券面 I 式到 VI 式的考察中可知，由 QI 式至 QV 式的主要变化趋势是由简单变为复杂；而 QVI 式则是 QIV 式的简化形式。

在上述券面变化的各式中，我们已知道 QII 式（宾阳中洞）的完工年代不晚于正光四年（公元523年）六月（详见第四节），QIV 式的完工年代是孝昌三年（公元527年）九月十七日，这证明 QII 式早于 QIV 式。换言之，券面的演变是沿着 QI 式至 QV 式的方向进行而不可能是相反方向进行的。这一结论为我们探讨龙门北朝洞窟的排年，提供了一个线索。

二 古阳洞年代探索

根据现存各种遗迹，大致可估计今天古阳洞的面貌是经过三次扩展雕凿所形成的②。

其中的第二次，是在一个不大的小窟基础上加以扩充，有计划地完成了正壁（即西壁）一佛二菩萨大像及南北两侧壁对应排列的八大龛。我们在这里所探索的，就是正壁三大像的完工年代。

正壁主像释迦结跏趺坐于方形台座上（插图九四），有磨光的高肉髻，面相长圆，虽较清秀但不瘦削。肩宽平，内着僧祇支，胸腹间系带，作成小结，结带下垂。外披褒衣博带式袈裟，双领下垂。袈裟从右肩部斜下一角，通过腹前，绕于左肘之外。禅定印，双腿残。袈裟衣纹层叠，披覆于方台座前。

如将古阳洞主像与小龛造像相比较，可知该佛属于 a_2II 式（参见插图三一）。如仅从服饰上考察，则该佛像与 a_1II 式（参见插图一六）相同。如作更具体的观察，则可发现古阳洞比丘道仙造像龛（参见插图三九）的主佛就很像古阳洞的主像。

正壁主像左侧的胁侍菩萨像（插图九五），头戴三面花纹式高宝冠，宝缯斜向上又折下，面相较清秀但不瘦削，眉眼作微笑状。颈佩桃形项圈，缀以三小串宝珠。两肩头各有一圆形饰物，缀以两条下飘的短带。上身袒裸，下着羊肠纹大裙，褶绉细密，腰间系带。左右肩上方，各有三个圆角形饰物。帔帛和璎珞自两肩头斜下，呈 X 状交叉于腹前的圆环中，然后上卷，绕两肘外飘下。左手提净瓶（军持），右臂屈举于胸前，手残。赤足，立于圆莲座上。

右侧胁侍菩萨像略同左侧者，唯右手下垂，提桃形物，左手举于胸前。与小龛造像比较可知，两胁侍菩萨属 P_2III 式（参见插图一九、五七）。

主像头光中所刻的飞天略瘦（插图九六），有二个尖桃形帔帛在头后飘动，小腿屈回，裙衣飘出，不露足，属于小龛造像 fII 式（参见插图二六）。

主像座前的狮子（插图九七），造型圆浑古拙，昂首，前足站立，后足蹲踞，属小龛造像 SII 式（参见插图六八）。

九四　古阳洞正壁坐佛像

② 参见水野清一、长广敏雄：《龙门石窟之研究》第三篇；温玉成：《龙门古阳洞研究》，《中原文物》1985年特刊。

九五:1　古阳洞正壁左胁侍菩萨像（正面）

九五:2　古阳洞正壁左胁侍菩萨像（侧面）

九六 古阳洞正壁坐佛像头光上的飞天

九七 古阳洞正壁台座前狮子

③《魏书·杨大眼传》。

九八 莲花洞正壁立佛像

综上所述,古阳洞三尊像式的格局、a₂II式的主佛、P₂III式的菩萨和fII式的飞天,都表明古阳洞正壁三大像的完工约在公元502～503年前后。SII式的狮子,略晚于正壁造像。

但是,需要讨论的是:洞窟造像的演变与小龛造像的演变,是否同步?如果不同步,孰为先、孰为后?

我们在左侧大菩萨像所提净瓶以下的衣纹上找到一个正始三年(公元506年)的小龛;在紧贴大裙衣纹外侧找到一个正始二年(公元505年)的小龛。在右侧大菩萨的右肩部外侧也有一个正始二年(公元505年)的小龛。上述这种打破关系有力地说明:左侧及右侧大菩萨的完工绝不会晚于公元505年。

位于古阳洞北壁上层大龛东起第三龛是著名的邑主、仇池杨大眼为孝文帝造石像龛(约完工于公元502～503年)。该龛造像记中说:

"……(杨大眼)清王衢于三纷,扫云鲸于天路。南秽既澄,震旅归阙,军次□行,路逐石窟,览先皇(指孝文帝)之明纵,睹盛圣之丽迹,瞩目彻霄,泫然流感,遂为孝文皇帝造石像一区,凡及众形,罔不备列。"

据考证,所谓"南秽既澄、震旅归阙",是指杨大眼奉命讨伐南齐豫州刺史裴叔业一事,时在景明元年二月(公元500年)③。杨大眼回洛阳时,率军经过伊阙关,可能到过古阳洞石窟。"览先皇之明纵,睹盛圣之丽迹",使他大受感动,以至于瞩目彻霄,泫然泪下。这"石窟"中的"明纵"和"丽迹"只能是古阳洞正壁的三大像而不可能是别的。

如果我们的判断无误,则可知古阳洞三大像在景明元年已经完工或基本完工。从而可知:三大像的完工略早于同式小龛造像的出现。换言之,一所大窟创造出的富丽堂皇的新风格,极有影响地带动着一批小龛的演变。

反之,在a₂III式、a₁II式、P₂III式和fII式的佛像、菩萨像和飞天像龛中,没有一例是早于景明元年的。

古阳洞小龛调查表明:菩萨像取消斜披络腋、使用X形帔帛最早的小龛是古阳洞云阳伯郑长猷为亡父造弥勒像龛〔景明二年(公元501年)九月三日〕;佛像取消袒右肩袈裟、使用双领下垂式袈裟最早的是古阳洞佛弟子赵双哲造像龛〔景明三年(公元502年)五月卅日〕;飞天取消那种直腿、露足、长圆形帔帛,使用屈腿、不露足、有桃形帔帛最早的是古阳洞邑主马振拜等卅四人造石像龛〔景明四年(公元503年)八月五日〕。

通过上述的比较分析和论证,我们大致可以推断古阳洞正壁三大像约完工于景明元年(公元500年)前后。受其影响,同式的佛像、菩萨像和飞天像的小龛则出现于景明二年以后。

古阳洞上层八大龛是与正壁三大像配合安排的。其中有明确完工年代的是北壁东起第一龛——比丘慧成为亡父始平公造像龛〔太和廿二年(公元498年)九月十四日〕;南壁东起第三龛——新城县功曹孙秋生二百人等造像龛〔景明三年(公元502年)五月廿七日〕;南壁东起第二龛——比丘法生为孝文帝并北海王母子造像龛〔景明四年(公元503年)十二月一日〕。其余五龛也大都完成于景明年间,只有北壁东起第四龛约完工于正始年间(公元504～508年)。

三、 莲花洞年代探索

莲花洞的主像为一立佛(插图九八),内着僧祇支,胸间束带作小结,结带下垂。外披褒衣博带式双领下垂袈裟,右肩斜下袈裟一角,绕于左肘外。袈裟的衣纹疏朗有致,从右肩至右臂刻三条衣纹为饰。两足部衣褶不对称。类似的佛像在古阳洞比丘某氏造像龛〔延昌某年(公元512~515年)〕中可见,这应是主尊雕刻时间的下限。

莲花洞的二弟子,系高浮雕而成,皆侧面而立,面向主像。佛像左侧弟子年老(插图九九),胸肋外露,右手拄一环首禅杖,环首内套八个小圆环,以示震动有声。左手平举胸前,持袈裟一角。右侧弟子年青,一手持莲蕾供养,余残毁不清。这种用一老一少二弟子为夹侍的布局,老者刻出胸肋的,在小龛中有正始四年(公元507年)的古阳洞安定王元燮为亡祖妣造释迦像龛(见插图二二)。但该小龛采取以老年弟子居右、青年弟子居左的形式,与莲花洞正相反。这种现象似可表明,莲花洞的二弟子与小龛造像比较,应介于dII式与dIII式弟子像之间(参见插图二二、六八),从时间上说,约属于公元507~512年之间。左侧弟子头像早在解放前就已被盗。

莲花洞立佛的右胁侍菩萨像(插图一○○),头残,宝缯作花叶状突于耳部上下。颈系桃形项圈,尖部缀一宝珠。左右肩头各有一圆形饰物,各饰两条短带。帔帛和璎珞呈X状交叉于腹前圆环中。上身裸,下着大裙,衣纹疏朗。赤足,立圆莲座上。右手举莲蕾,左手提帔帛一角。左胁侍菩萨与右菩萨相似,唯右手举起持一物,左手微提,持桃形物(插图一○一),与小龛造像比较,二菩萨像介于P_2III式与P_2IV式之间(参见插图一九、五七、一五、二七),从时间上说,约公元503~514年间。

莲花洞的力士像,已如第一节所述。但龙门小龛中力士出现较晚(II式,公元519年),难以与之比较。

莲花洞的窟顶,刻出一朵巨大而华丽的高浮雕莲花(插图一○二)。中心为莲房,用连珠纹圈成,外围绕以三重莲瓣,莲瓣均为单式。最外圈是侧视卷草纹样。

围绕大莲花南北侧各有三身供养天人,皆面向正壁主像。南侧内起第一身供养天人,双手捧香炉;第二身双手托果盘于右肩(插图一○三);第三身以右手持莲蕾,左手提一小袋状物。北侧内起第一身(面部未完工)双手捧香炉;第二身以左手托宝瓶;第三身左手举一长圆状物。天人中,有的梳高发髻(与古阳洞主佛头光中飞天的发髻相似);有的戴三面式宝冠(与古阳洞胁侍菩萨冠相似)。天人肩头皆有圆形饰物,佩桃形项圈,下着长裙,帔帛呈三角形飘于身后,屈回的小腿处飘出长长的裙衣,不露足。天人身下刻飘动的祥云。这种飞天与小龛造像相比,介于fII式和fIII式之间(参见插图二六、四四、一五、七八),约当于公元502~517年间。

洞门内南壁下部刻大碑一通,高168、宽80厘米。其下有长方形碑座,高

九九　莲花洞正壁左侧弟子像

一○○　莲花洞正壁右胁侍菩萨像

一○一　莲花洞正壁左胁侍菩萨像

一○二　莲花洞窟顶

一〇三　莲花洞窟顶南侧飞天

④ 刘汝醴：《关于龙门三窟》，《文物》1959年12期；张若愚：《伊阙佛龛之碑和潜溪寺、宾阳洞》，《文物》1980年1期。

一〇四　伊阙佛龛之碑

一〇五　宾阳中洞正壁坐佛像

28、宽96厘米。惜碑文已全被磨掉，上面刻出北齐及唐代若干小龛。这应是莲花洞原来的造像碑。

通过上述的比较分析，我们大致可以推断莲花洞工程辍工于永平末至延昌初年（公元510～513年）之间。

四、　宾阳中洞完工与宾阳南、北洞辍工年代探索

许多学者指出：宾阳三洞就是《魏书·释老志》所记载的为高祖孝文帝、文昭皇太后所开的二窟和为世宗宣武帝所开的一窟④。此说较可信。

宾阳中洞和宾阳南洞应是为孝文帝和文昭皇太后所开凿。该两洞南北并列，中间有北魏巨型造像碑一座（插图一〇四）。两洞有大小接近的马蹄形平面；绕三壁有低坛；门内壁下层均刻十神王；窟顶有形制相似的高浮雕宝盖等等。这说明是经过统一筹划、统一考虑的。但宾阳南洞未完成洞内的大型造像。

宾阳中洞的券面为QII式（见插图八七），晚于莲花洞QI式（见插图八六），而早于火烧洞QIII式（见插图八九）。

宾阳中洞的正壁造像是五尊像式格局（实测图）。主像为一身结跏趺坐佛像（插图一〇五，实测图），坐于叠涩束腰方台座上，露一足，掌心向上。佛的高肉髻和头发皆刻波状纹。面相长圆，额中有白毫相。高眉骨，大眼，直鼻，大鼻头。双肩微削，内着僧祇支，胸腹间束带作结，结带下伸，垂于绕左肘的袈裟上。外披褒衣博带式双领下垂袈裟，右肩头披一圆角形衣纹。右领下出袈裟一角，斜过腹前，绕于左肘外。右手于胸前右侧举掌，左手于腹前左下部伸掌，一、二指下伸，余指屈回，掌心向外。

袈裟衣褶密集，披覆于台座前，呈三重折叠纹向左右分开，左腿下垂出两个长圆形衣角，向内翻卷。与小龛造像比较，此主佛属a_4III式（参见插图二八）。

二弟子像长者居左，少者居右，皆为圆雕正面像。左弟子深目高鼻，颈筋隆起，胸肋外露，双手合十，赤足立于圆莲座上（插图一〇六）。外披双领下垂式袈裟，右肘下垂的衣襟撩起后搭于左肘，再下垂至膝下，衣折翻卷。右弟子衣饰略同，唯双手捧一方形物。与小龛造像比较，二弟子像属于dIV式（参见插图六九、七〇）。

该洞正壁及左右壁各有两身夹胁立侍的菩萨像，共计六身。正壁主像右侧菩萨像（插图一〇七），头戴高宝冠，髻发露出。两肩头垂下的帔帛及璎珞在膝下呈W状相交，不穿环。右手举莲蕾，左手提桃形物。帔帛绕肘后下垂而不外扬。北壁立佛左胁侍菩萨形象略同上述菩萨像，唯右手举掌（侧视），左手提净瓶（插图一〇八）。此二菩萨像如与小龛造像比较，均属P_2IV式（参见插图一五、二七）。

宾阳中洞佛座前左右各有一狮，皆蹲踞，较胖，长鬃毛向后分开，属SII式（参见插图六八、八〇）。

在穹窿顶中央高浮雕出一朵大莲花（插图一〇九）。中心是子房，外围两

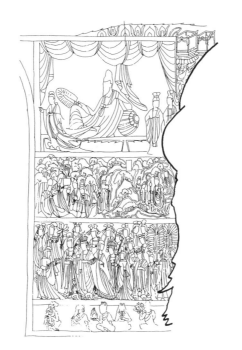

一〇〇　宾阳中洞前壁皇帝礼佛图　　　　　一一一　宾阳中洞前壁皇后礼佛图

一〇六：宾阳中洞正壁左侧弟子像

重覆式莲瓣，莲瓣形状瘦而尖。莲花周围环以八身乾达婆、两身紧那罗，皆面向正壁主像。在主佛身光尖端南侧者，八身乾达婆依次为吹笙、吹笛、抱阮和击细腰鼓者；北侧依次为击磬、吹排箫、弹筝、击铜钹者。主佛身光两侧的紧那罗，皆以双手托果盘作供养状。

　　这些飞天皆头梳高发髻，佩项圈，袒上身，下着裙，小腿屈回，裙衣飘扬不露足（但二紧那罗例外，略同fI式，可参见插图一三、一四），帔帛呈三角形飘于身后。飞天间刻香花飘舞，飞天身下有祥云。上述飞天略同小龛造像中的**fIII式**（参见插图一五、七八、七九）。

一〇七　宾阳中洞正壁右胁侍菩萨像

　　飞天之外为宝盖的边饰，作出古钱纹、垂鳞纹及三角纹的流苏。

　　该洞东壁，即前壁窟门左右两侧分四层布列。北侧第一层为文殊，南侧为维摩像，属**WII式**；第二层为本生故事，北侧是萨埵那太子舍身饲虎，南侧是须大拏太子施舍；第三层为礼佛图，北侧是皇帝礼佛图（插图一一〇），南侧是皇后礼佛图（插图一一一）；第四层左右各刻五神王（插图一一二），共计十身。礼佛图在解放前被盗，现分别藏于美国波士顿与纽约艺术博物馆。

　　宾阳中洞地面刻有精美的装饰图案（实测图），四朵大莲花呈田字形布列，中间刻龟背纹甬道。

一〇八　宾阳中洞北壁左胁侍菩萨像

　　宾阳南洞窟顶宝盖形制，与中洞基本一致。飞天（插图一一三）形象亦属小龛**fIII式**（参见插图一五、七八、七九）。洞内前壁窟门左右侧下层也刻十神像，可以看清的有山神、风神等。但未完工，如南侧下部二身神像，身着铠甲，可能是唐代所补刻。该洞辍工年代应在中洞完工年代之后，约公元523年。

　　宾阳中洞与南洞的券面之间，刻一通大碑，上有龙首，下有龟趺（见插图一〇四）。碑上部用屋形顶覆盖，总高度是650厘米，碑高510、宽200厘米。碑文被唐代磨平，重刊岑文本撰、褚遂良书的《伊阙佛龛之碑》〔贞观十五年（公元641年）十一月〕。

　　宾阳北洞窟形及大小与中洞近似，窟顶所刻宝盖较小，飞天持各种乐

一〇九　宾阳中洞窟顶

一一二 宾阳中洞前壁北侧下部神王像

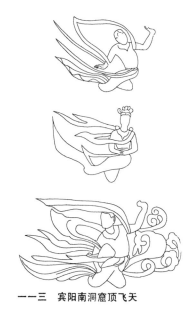

一一三 宾阳南洞窟顶飞天

一一四 宾阳北洞窟顶飞天

器(插图一一四),形象属小龛造像fⅢ式(参见插图一五、七八、七九)。地面雕饰图案,入口处刻二龙首。其辍工年代当亦与南洞同时。

《魏书·释老志》云:

"景明初,世宗诏大长秋卿白整,准代京灵岩寺石窟,于洛南伊阙山,为高祖、文昭皇太后营石窟二所。初建之始,窟顶去地三百一十尺。至正始二年,始出斩山二十三丈。至大长秋卿王质,谓斩山太高,费功难就。奏求下移就平,去地一百尺。南北一百四十尺,永平中,中尹刘腾奏:为世宗复造石窟一,凡为三所。从景明元年至正光四年六月已前,用功八十万二千三百六十六。"

这段文献告诉我们:

1、景明初至正始二年(公元500～505年)的近六年时间,只完成"斩山"二十三丈的工程,但因"斩山太高,费功难就",所以放弃了。

2、自正始二年(公元505年)以后,才在窟顶去地一百尺的新地点开始"斩山"和"营窟"的工程。这时的计划仍是为高祖和文昭皇太后各造一窟。

3、永平中(公元508～512年),奏准为世宗复造石窟一所,这时的"营窟"计划由二所变为三所。

4、至正光四年(公元523年)六月,全部工程停工,已用工八十万二千三百六十六个。

这里值得注意的是,永平中,中尹刘腾奏请为世宗复造一窟时,原计划的二窟并未完工,可能是完成了"斩山"下移就平,去地一百尺、南北一百四十尺的工程。所以,就在这个范围内并列地开凿了三个窟,改变了原开两窟的计划。

从已完工的宾阳中洞考察,它略晚于莲花洞:QⅡ式券面晚于QⅠ式券面;宾阳中洞与莲花洞的造像虽然同属"五尊像"的格局,但莲花洞的弟子是高浮雕的侧面像(介于小龛造像dⅡ式～dⅢ式之间),早于宾阳洞的弟子像(dⅣ式);宾阳中洞的菩萨(P₂Ⅳ式)也晚于莲花洞的菩萨(介于小龛造像P₂Ⅲ～P₂Ⅳ式之间)。宾阳中洞的主佛属a₄Ⅲ式。宾阳中洞的飞天(fⅢ式)亦晚于莲花洞飞天(介于小龛造像fⅡ式～fⅢ式之间)。

而宾阳中洞的坐佛、菩萨及弟子形象又显然早于慈香洞〔神龟三年(公元520年)三月二十□日〕。

综上分析,我们大致可以推断宾阳中洞完工于延昌末至熙平初年(公元515～517年)。宾阳南洞和宾阳北洞则辍工于正光四年(公元523年)六月。

五、 火烧洞年代探索

火烧洞是龙门北朝洞窟中规模最宏大的一个洞窟,但也是所遭破坏最惨重的一个。它的正壁也是五尊像的格局,但五身大像一身无存,连背光也已毁去。南壁原有一通大造像碑,碑身宽132厘米,高度不详;下有方形碑座,宽195,高38厘米。该碑也已被砸毁。

从现存残迹观察,火烧洞造像既不是有目的地被盗凿,也不是近代的盲目破坏,而是在完工不久就被砸毁了。现存刻于方形碑座上的北魏邑子题名证明这次破坏活动是在北魏时就已发生的。这些现象暗示:这是历史上一次政治性的破坏行动。

从火烧洞券面(QIII式)构造上看,它晚于宾阳中洞(QII式),早于皇甫公窟(QIV式)。

从弟子像的残迹上看,它是用高浮雕镌刻,与莲花洞相似,比宾阳中洞要早。

从残存的弟子、菩萨像所立的圆莲座看,火烧洞的圆莲座的下部又雕出一层浅台,比宾阳中洞的圆莲座式样有所发展。

一一五　火烧洞慧荣造像龛

火烧洞内现存有纪年最早的小龛有:主像右胁侍菩萨像大裙衣纹东侧刻有大统寺大比丘慧荣造像龛〔正光三年(公元522年)七月十七日〕(插图一一五);窟门内南侧下部刻有司徒公崔父室孝要光造像一区〔正光三年(公元522年)八月七日〕。在主尊佛座上亦有正光四年(癸卯)小龛。

在上述资料不充分的情况下,我们只能大体推测火烧洞的辍工约在熙平初年(公元516～517年),或略晚。

一一六　魏字洞正壁坐佛像

六、 魏字洞年代探索

魏字洞的洞窟形制有了创新。

从表三中所列情况可知:龙门北魏洞窟的平面有两种形制,一种是长方形平面,正壁造一铺大像,两侧壁则是凿出若干个大龛的列龛式(如古阳洞、莲花洞、火烧洞等);另一种是椭圆形平面,三壁造像,绕以低坛的马蹄式(如宾阳中洞、宾阳南洞等)。慈香窟则是三面绕以高坛的马蹄式平面。

魏字洞的平面略呈方形,正壁下留有一长条状佛坛,高94厘米,连通整个正壁壁面,五尊像全部造于佛坛上。在南、北两侧壁,各造一大龛,几乎占据壁面的全部(有的洞则是占据壁面的大部)。这种洞窟形制,我们暂称之为三壁三龛式或三壁一坛二龛式。这种龛式应是综合了列龛式和马蹄式的两种形制而发展起来的新龛式。

魏字洞的主像是结跏趺坐佛(插图一一六),有磨光的高肉髻,面相清秀而瘦削,两肩削下,坐于方形台座上,露一足,足心向前微倾,侧视可见其五趾。衣饰略同于宾阳中洞的主像,但左腿下垂出的两个长圆形衣角已散开,属小龛造像中的a_4IV式(参见插图五○)。右手残,左手举掌,伸于膝前,五指向下,掌心向外。方形台座的底边,刻一排宝装莲瓣纹,瓣尖向下。佛的舟形身光中,刻葫芦形连枝卷草纹。

二胁侍菩萨像皆较瘦削。左胁侍的上身内着交领衫,腰束带,X形帔帛交叉后再上卷,绕于两肘外。在帔帛下垂的部分,刻出正面及反面的圆弧衣纹(插图一一七)。右侧胁侍的帔帛呈X形相交,交叉处穿环,左手举莲蕾,右手下垂,提帔帛之一角(插图一一八)。二菩萨像与小龛造像比较,均属P_2V式(参见插图六六、六七)。

一一七　魏字洞正壁左胁侍菩萨像

217

一一八　魏字洞正壁
右胁侍菩萨像

一一九　魏字洞正壁
左侧弟子像

一二〇　魏字洞正壁左侧狮子

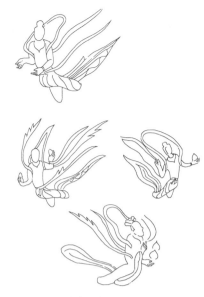

一二一　魏字洞窟顶飞天

二弟子像头残,袈裟衣纹用直平阶梯式刀法表示。右弟子双手捧钵,左弟子右手残,左手下垂,提袈裟的一角。右下方衣襟披于左肘。腹前袈裟呈尖角形,上面刻同心圆纹(插图一一九)。二弟子均属小龛造像中的 **dIV**式(参见插图六九、七〇)。

佛坛前左右各刻一狮,皆作侧面,后腿屈蹲,前腿直立,举一爪。头在外侧,尾在内侧,回首张望。左狮尾巴向上直翘(插图一二〇),右狮尾巴拖于地面。皆属小龛中的**SIII**式。

窟顶中心刻莲花,子房外围绕两重莲瓣,外层作宝装莲瓣纹,中间夹以卷草纹。莲花之外为四身飞天(插图一二一),身体曲线较大,有身体呈U形者,属小龛造像中的fIII式。

魏字洞两胁侍菩萨像身旁均刻有若干小龛。其中纪年最早的是邑主王法□妻田氏造观世音像龛〔正光四年(公元523年)四月十六日〕(见插图五)和左胁侍菩萨东侧的比丘尼法照造弥勒像龛〔正光四年(公元523年)九月九日〕。这应是魏字洞完工年代的下限。

综上分析可以大致推断,**魏字洞完工于正光初年(公元520～521年)。**

七、 皇甫公窟与普泰洞年代探索

皇甫公窟是一座有明确完工年代〔孝昌三年(公元527年)九月十七日〕的洞窟。

皇甫公窟的券面属**QIV**式。洞窟形制也是正壁起高坛(高110厘米)的三壁一坛二龛式。

佛坛上的一铺造像是在五尊像的左右,各刻一身舒坐的思惟菩萨像,组成七尊像的格局。

皇甫公窟的主像是结跏趺坐佛像(插图一二二)。这身主像与魏字洞主像相比,有以下几点鲜明的变化:

一、皇甫公窟主像下垂袈裟的双领下部窄而上部宽,而魏字洞主像的双

一二二　皇甫公窟正壁坐佛像(正面)

一二三　皇甫公窟正壁坐佛像(侧面)

一二四　普泰洞正壁坐佛像

领上下基本是等宽的；

二、皇甫公窟主像的右肩头取消了披覆的圆形衣角(插图一二三)，而**魏字洞**则保留有右肩头上的圆形衣角(见插图一一六)；

三、皇甫公窟主像僧祇支的束见在胸前，而魏字洞主像僧祇支的束带则在胸腹间。

普泰洞的主像(插图一二四)恰恰介于上述二者之间。它的双领上下宽度一致，近似于魏字洞主像；它右肩头披圆形衣角也近似于魏字洞主像。但它的僧祇支束带在胸前，却与皇甫公窟主像一致。

皇甫公窟的胁侍菩萨像头戴高宝冠，宝缯先平伸再折下，垂至两肩上。它与魏字洞胁侍菩萨相比较，也有如下几点变化：

一二五　皇甫公窟正壁左胁侍菩萨像

一、皇甫公窟的菩萨像(插图一二五)X形帔帛交叉处不穿环，帔帛绕肘后向下、向外飘扬，而魏字洞的菩萨像(见插图一一七)帔帛交叉处穿环，绕肘后向下垂，不向外飘扬(唯左菩萨不穿环，余皆同，参见插图一一八)；

二、皇甫公窟的菩萨像肩头两圆形饰物中不穿以短带，而魏字洞菩萨像则穿以短带为饰；

三、皇甫公窟的菩萨像颈系双圈形项圈，手腕戴镯，而魏字洞菩萨颈系桃形项圈，手腕不戴镯。

普泰洞的菩萨像(插图一二六)恰恰也介于这二者之间。它的帔帛穿环，绕肘后外扬，近似于皇甫公窟的样式；它的肩头圆形中穿以短带为饰，与魏字洞相似；它的桃形项圈似魏字洞，但手腕戴镯，却似皇甫公窟。

皇甫公窟的胁侍弟子像的袈裟(插图一二七)，不再将右下襟撩起，横过腹前。而魏字洞(见插图一一九)和普泰洞弟子则仍保留横过腹前的样式。

皇甫公窟的狮子，下巴处留三绺胡须(插图一二八)，侧面蹲踞，普泰洞的狮子与之相似(插图一二九)。

皇甫公窟的窟顶有精美的莲花与flV式飞天(插图一三〇)，普泰洞窟顶

一二六　普泰洞正壁左胁侍菩萨像

一二七　皇甫公窟正壁左侧弟子像

一二八　皇甫公窟正壁右侧狮子

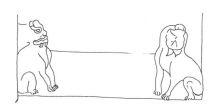

一二九　普泰洞正壁狮子

只刻出三重圆形大样,应是刻莲花之处。在西北角用阴线仅勾出了一身飞天的大样(插图一三一),但尚未加细。而南壁大龛内的飞天,则十分精美(插图一三一)。

从上述分析可知:普泰洞的造像与雕饰都介于魏字洞和皇甫公窟之间,而与魏字洞有较多的相似因素,它的正壁造像也是五尊像的格局,所以可以大致推断普泰洞完工于正光末年(公元524～525年),或略前。

普泰洞除窟顶未完工以外,其他部分均已全部完工。尾工不多,突然中断,原因不详。

普泰洞内有纪年最早的小龛是位于北侧弟子与胁侍菩萨之间的比丘尼道慧、法盛造观世音像龛〔普泰元年(公元531年)八月十五日〕(见插图六二),这无疑暗示了该窟完工的下限年代。

皇甫公窟南壁大龛的主像为交脚菩萨像(见插图六○)。该交脚菩萨已近乎盘坐,露一足,有X形帔帛,交叉处穿环。值得注意的是,这种盘坐式菩萨像出现后,交脚式菩萨便消失了。

八　药方洞、唐字洞与赵客师洞辍工年代探索

药方洞、唐字洞和赵客师洞是三处北魏时开凿但未完成正壁大像就被废弃的洞窟。我们现根据北魏时的遗迹来探讨它们工程中止的年代问题。

药方洞的窟形与普泰洞相似,原计划也应是三壁一坛二龛式。但药方洞的正壁尚未开始雕造便停工了。

药方洞的窟顶,雕刻三重圆形大莲花,外绕四身飞天。这些飞天,或吹笙、或吹排箫,或吹笛。但身体平直,衣带飘扬,已不是北朝的形式(插图一三二)。

在窟内南壁西侧上方,有太中大夫平南将军南面大都督清水县开国公李长寿妻陈晕造释迦像龛〔永安三年(公元530年)七月十五日〕(见插图五二);窟内东壁有清信士路僧妙造释迦像龛〔普泰二年(公元532年)四月廿四日〕(见插图七三)、清信女孙姬造释迦像龛〔永熙三年(公元534年)五月七日〕(插图一三三),证明该窟辍工年代当在永安间(公元528～529年)或稍前。此工程的中止,或许与"河阴之役"有关。

药方洞现存的正壁五尊像(插图一三四)、二狮子、窟门及券面等雕刻可能是隋至唐初所补刻。窟门上方大碑上的《究竟庄严安乐净土成佛铭记》〔永隆二年(公元681年)四月廿三日〕,可能是利用旧碑所补刊,因为唐永隆年间的造像风格与券面上的造像很不一样。

唐字洞的券面形制属于QIV式(见插图九二)。从券面上看,原来有一个

一三○　皇甫公窟窟顶飞天三种

宏大的规划。

从现存遗迹上观察,当时只雕出了屋形顶,洞窟内,只完成了总进深约三分之一的工程量。地面的东北角(即窟门内北侧)还有高出地面约60厘米的残石未能清除;窟顶也仅仅凿出了初形。

现存于窟内的早期小龛有前壁南侧的塔形龛,内造释迦、多宝二佛并坐像,是洛州灵岩寺沙门僧璨所造〔大统七年(公元541年)正月十五日〕。窟门外南侧上方有始平县男韩道人造像龛〔大统六年(公元540年)七月十五日〕,北侧上方有比丘普慧等卅人造像龛〔天平四年(公元537年)八月十九日〕。

上述种种残迹表明,该洞始造约在孝昌年间,而其停工则在北魏末年(公元534年)前后。

唐字洞现存正壁造像为唐初所雕,刻工粗劣。

赵客师洞的窟形亦与普泰洞相似。券面残迹已如第一节所述。窟顶及正壁大像皆初唐雕造。

在该洞西壁南侧,有阳烈将军樊道德为亡妻造释迦像龛〔永熙二年(公元533年)七月十日〕(见插图七一),证明赵客师洞废弃的时间不晚于此时。

赵客师洞与普泰洞相毗邻,平面相似,大小接近,券面残迹也相似。此二窟的内在关系尚待深究。

九、 路洞年代探索

路洞的券面形制属于QV式,但券面的全貌已无法窥见。特别是人首双翼鸟是立于屋脊之上还是类似巩县石窟寺第一窟的作法,即在门上方隔出一条横额,在横额中再刻童子及飞禽等,由于壁面崩毁,已无可辨认。

雕刻于窟门南侧的张口舞爪、脱离火焰纹的龙的形象,与古阳洞比丘尼□昙造像龛〔天平三年(公元536年)五月十五日〕(见插图六三)、古阳洞清信女孙思香为亡息造观世音像龛〔天平四年(公元537年)正月廿一日〕(见插图三三)的龙相似。

路洞正壁造像也是七尊像布局,即一坐佛(插图一三五)、二身造像(内容不辨)、二弟子(插图一三六)、二菩萨(插图一三七)。与皇甫公窟所不同的是二弟子的内侧增设了二身造像,而取消了二身思惟菩萨像。

路洞虽然也可称为三壁一坛二龛式布局,但在正壁的上方另外还雕出了龛额,饰以兽头衔华绳、三角纹流苏及帷幕,两兽头之间刻莲花化生童子。这种做法,使正壁一铺造像更具有独立的意义,使之向独立的大龛方向演变。

路洞的主像(插图一三五),是结跏趺坐佛,头、手均毁,形式略同皇甫公窟主像,但下垂于台座前的衣纹呈平行褶纹,更加疏朗,属于小龛造像a_4VI式(参见插图五七)。佛座造于佛坛之上,为叠涩束腰方座。

路洞的胁侍弟子,仅存右侧一身(插图一三六),与皇甫公窟的弟子相似,属小龛造像dV式(参见插图七一)。弟子与左右侧造像之间,刻出高大的瓶莲装饰相间隔。

路洞的胁侍菩萨像(插图一三七),身披X形璎珞。璎珞较粗大,交叉形式

一三一 普泰洞飞天

1 普泰洞西北隅飞天

2 普泰洞南壁大龛飞天

一三二 药方洞窟顶飞天

一三三 药方洞孙姬造像龛

一三四 药方洞正壁坐佛像

221

一三五　路洞正壁坐佛像

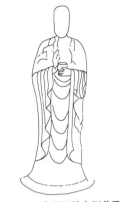

一三六　路洞正壁右侧弟子像

一三七　路洞正壁右胁侍菩萨像

一三九　汴州洞正壁坐佛像

一三八　路洞南壁造像龛

是挂在一个圆环上。圆环四方各出一个方形物，四段璎珞分别挂于方形物上。璎珞交叉后上卷，至两髋骨处绕身后，因而比较短。帔帛呈W状相交，下垂的两半圆形衣角接近重合。该菩萨介于小龛造像的P_2V式与P_2VI式之间（参见插图六六、六七，五四）。

路洞南北两侧壁造像龛各分四层布列（插图一三八）。上起第一层刻一列作禅定印的结跏趺坐佛并二胁侍菩萨像，每一组间隔以菩提树。

第二层北壁刻一列四座殿堂，南壁刻一列三座殿堂及一幅降魔图。殿堂皆侧视图，有四阿式屋顶、栏杆及台阶。屋檐下的人字拱已呈弯曲状。殿内刻禅定印结跏趺坐佛并胁侍菩萨像等。殿旁有菩提树及花草等。

第三层与殿堂一一相对的是方形龛，每龛内刻一坐佛并胁侍的弟子、菩萨像。佛背光两侧用菩提树和大莲花陪衬。

第四层，原刻有一组神王像，但多不完整，并且有很多是后代增刻的小龛。

路洞的窟顶，高浮雕三重莲花，但已大部崩塌。在大莲花周围，遍刻闻法比丘头像。

现存洞内最早的纪年小龛是位于前壁南侧的刘大安造像龛〔元象二年（公元539年）四月八日〕，这应是该窟完工年代的下限。

综上分析，路洞的主佛属小龛造像a_4VI式，弟子属dV式，菩萨介于P_2V～P_2VI式之间。这都可说明路洞的完工约在北魏末年（公元534年）前后。此外，窟门外龙的形象也可说明这一点。

一〇、 汴州洞年代探索

汴州洞是惠简洞下方的一处北朝小型洞窟,因窟内北壁龛上方保存有汴州人的数则造像题记,故名之曰汴州洞。

汴州洞的券面形制属QVI式,是QVI式的简化形式(参见插图九三)。

洞内正壁及南侧壁下起佛坛,北侧壁下佛坛较窄。三壁佛坛皆高26厘米。造像布局是:正壁五尊像式,南壁三尊像式。北壁为一铺大龛,完工时间可能略早于正壁与南壁。

汴州洞的造像与其它北朝洞窟相比,有了很大的变化:身体短粗,服饰宽大,菩萨戴低宝冠。这些新式样在龙门显得很特殊。

正壁主像释迦结跏趺坐于低方台座上(插图一三九),不露双腿及双足。内着交领衫,外披百衲衣,以示"田相"。双领宽大如带,右领下垂后绕左肘外下垂。右肩头披袈裟一角,呈圆形。左手屈一、四、五指,下伸二、三指,掌心向外,举于胸前左侧;右手向上伸一指,余屈指,掌心向外,举于胸前右侧。二手之间向下出圆形衣角。两膝头饰以竖向圆弧纹。衣纹疏阔,已不再呈羊肠状。该佛像与小龛造像a_4VII式比较,较为近似(参见插图五四)。

汴州洞的胁侍菩萨像(插图一四〇),头戴平顶低宝冠,正中饰以花形及卷草纹,头发自顶留至两鬓角。肩头有圆形饰物,帛巾在胸前作交领状,然后绕身前二道。左手下垂,右手举莲蕾。该菩萨像属于小龛造像P_2VI式(参见插图五四)。

南壁主像着菩萨装(插图一四一),一腿斜伸露足,一腿盘起,不露足。颈系桃形项圈,内着交领衫,外披双领下垂袈裟,领宽如带状。坐于方形台座上。类似的形象最早见于皇甫公窟南壁大龛中(参见插图六〇),而在巩县石窟中心柱上则普遍采用,往往刻于中心柱的东壁上(参见插图一四二)。

窟门外南侧力士(插图一四三)上裸,下着长裙,腰间束带,长裙下摆曳地,衣褶流畅,刚劲有力。力士侧身,面向窟门,左臂屈回举掌,右臂下伸半握拳。左腿侧伸,右腿弓步,作护卫状。力士属小龛造像IV式(参见插图七四)。

由上述的比较分析,我们从a_4VII式佛像、IV式力士像和P_2VI式菩萨像上,大致可以推断它晚于公元545年(IV式),而早于公元557年(a_4VII式,P_2VI式),约在东魏末年(公元550年)。

一一、 小结

由此而得出结论,龙门北朝主要洞窟的渐次完工,与龙门北朝小龛的分期有着密切的关系。

古阳洞的完工,开始形成龙门的新风格,如佛像采用双领下垂式袈裟;菩萨用X形帔帛;飞天有尖桃形帔帛飘于身后,小腿屈回不露足等等。

莲花洞、宾阳中洞和火烧洞的完工,带来了五尊式的布局,非禅定印佛、

一四〇 汴州洞正壁左胁侍菩萨像

一四一 汴州洞南壁菩萨坐像

一四二 巩县石窟寺第1窟中心柱东龛坐佛像

一四三 汴州洞门外南侧力士像

较胖长毛狮的出现，各式小龛有精美的龛楣、主龛之侧左右用侧龛的形式等等。

慈香洞、魏字洞、普泰洞、皇甫公窟等的完工，开始大量使用七尊式，佛像、菩萨像等眉目清秀，造成所谓"秀骨清像"的风格。飞天生动多姿，狮子举足翘尾，龙张口含莲，充满动态。在布局方面，流行三壁一坛二龛式。

不妨可以这样说：一处或数处洞窟的完工，带动着一批小龛的出现并促使它们向新的形式演变。

如果把洞窟和小龛的变化综合起来研究，我们便可以获得如下的分期：

第一期：延续云冈期。此期内只有小龛的开凿，没有大洞窟的完工。时间是从公元493～499年，即北魏孝文帝太和十七年至二十三年。

第二期：龙门风格形成期。此期内完工的只有古阳洞正壁三大像（约公元500年）及左右壁上层八大龛。时间是从公元500～510年，即北魏宣武帝景明元年至永平三年。

第三期：龙门风格发展期。此期内的洞窟有莲花洞（约公元510～513年）、宾阳中洞（约公元515～517年）、火烧洞（约公元516～517年）。此期的时间是从公元511～公元517年，即北魏宣武帝永平四年至孝明帝熙平二年。

第四期：龙门风格繁荣期。此期内完工的洞窟最多，有慈香洞（公元520年）、魏字洞（约公元520～521年）、普泰洞（约公元524～525年）、皇甫公窟（公元527年）、路洞（约公元534年）。由于某种原因，一批洞窟也在这一时期半途停工，如药方洞（辍工于公元528～529年）、赵客师洞（辍工于公元533年前后）、唐字洞（辍工于公元534年前后）。

此期的时间是从公元518年～534年，即北魏孝明帝熙平三年至孝武帝永熙三年。

第五期：龙门风格衰退期。此期内只有汴州洞完工（约公元550年）。时间从公元535年～580年，即西魏文帝大统元年至北周静帝大象二年。

洛阳地区北朝石窟的初步考察

宿白

　　从50年代初起,由于教学工作的需要不断去龙门石窟参观学习。多年来,我一直感到龙门北朝洞窟情况复杂:它不足以表明当时洛阳佛教盛况,却出现了所谓的"龙门样式";它较为规整的大型洞窟不多,但又和当时最高统治集团关系密切。为了弄清这些问题,阅读了一些文献资料,也搜辑了不少有关图像。1986年4月,借着为《中国石窟·龙门石窟》组织文章之便,承龙门石窟保管所的款待,在东山住了八天。其间除了和龙门石窟保管所的同仁讨论龙门洞窟的排年分期、着重调查北朝洞窟中有关工程中辍的遗迹外,还考察了洛阳附近龙门以外的几处重要北朝洞窟,参观了中国社会科学院考古研究所洛阳工作站的北魏永宁寺发掘品、关林洛阳石刻艺术馆的北朝石雕和洛阳市文物工作队魏晋北朝墓所出遗物。这一系列的直观学习,使过去累积的认识,得以初步系统化。洛阳归来,剪裁旧闻,益以新知,成札记三篇。札记所述主要内容不出洛阳附近,因总名以《洛阳地区北朝石窟的初步考察》。

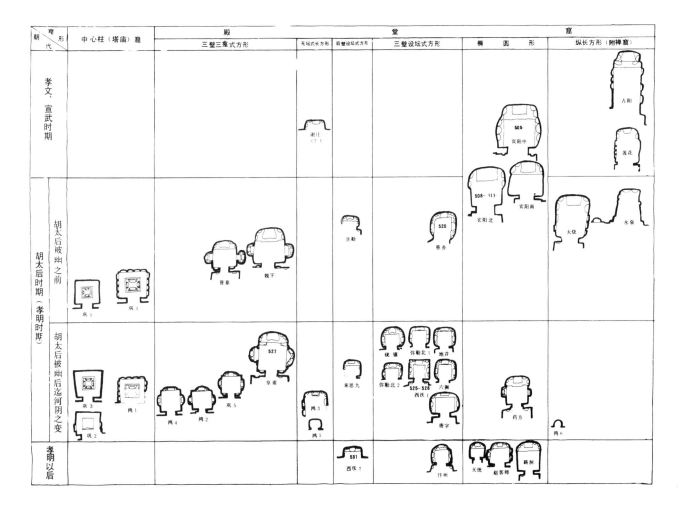

一　洛阳地区北朝石窟窟形示意图

（一） 龙门北朝洞窟开凿次第

龙门石窟位于今洛阳市南郊龙门山麓，前滨伊水，其地东北距东汉迄北朝洛阳故城20公里，是北魏迁洛后开凿的最重要的石窟。据龙门石窟保管所统计，现存北朝主要洞窟二十三座，俱属殿堂类型的石窟（插图一）。其中深10米以上的大型窟六座，即古阳洞、宾阳中洞、宾阳南洞、宾阳北洞、莲花洞和火烧洞；深5米左右的中大型窟五座，即魏字洞、皇甫公窟（石窟寺）、药方洞、唐字洞和路洞；深2.5米以上的中型窟五座，即慈香洞、普泰洞、弥勒洞、赵客师洞和天统洞；深2.5米以下的小型窟七座，即骁骑将军洞、地花洞、六狮洞、弥勒洞北一洞、弥勒洞北二洞、来思九洞和汴州洞。这二十三座大小洞窟开凿的时间，有纪年可考的当可无误；无纪年可考的也可据各种遗迹推知其大概。现结合历史记载，对北朝洞窟开凿的次第试作初步分析。

第一阶段——孝文、宣武时期

龙门最早开凿的洞窟是古阳洞，它是在天然溶洞的基础上修凿的一座大型的纵长方形敞口洞窟。该窟正壁主像左胁侍菩萨下垂衣褶外侧和右胁侍菩萨右肩外侧各有正始二年（公元505年）雕造的小龛，知此窟的基本窟形和正壁（即后壁，下同）三尊主像（一佛二菩萨）完成于正始二年以前。龙门石窟保管所同仁根据此窟南北壁多迁洛后不久北魏宗室显贵雕造的小龛和北壁上层正始中杨大眼造像铭中有"路迳石窟，览先皇之明趺（踪），觌盛圣之丽迹，瞩目彻宵，泫然流感，遂为孝文皇帝造石像一区"的记录，推测正壁主像即为孝文之"丽迹"[①]。

其次开凿的约是正始二年起工，仿云冈椭圆形大型洞窟的宾阳中洞[②]。该窟大约完成于宣武末年，永平中（公元508～511年）开凿的宾阳北洞和起工于宾阳北洞之前的宾阳南洞，都是正壁作椭圆形、中前部接近方形的大型窟。宾阳三洞是《魏书·释老志》所记北魏皇室为高祖、文昭皇太后和世宗营造的石窟三所，近年已为研究者所公认[③]。

这个时期另一座就天然溶洞修凿的纵长方形窟——莲花洞，起工年代约与宾阳中洞同时，其面积可与古阳洞相埒，但完成正壁主像和窟顶雕饰后即废置。从窟内最早的纪年小龛是北壁的正光二年（公元521年）龛推知，该窟辍工之年当不晚于孝明之初。一座大型洞窟中途停工废置，很有可能与当时统治集团上层的变动有关。这时重大的政局变化，是延昌四年（公元515年）正月宣武卒，孝明即皇帝位，"二月庚辰，尊皇后高氏为皇太后……己亥，尊胡充华为皇太妃……三月甲辰朔，皇太后出俗为尼，徙御金墉……（八月）丙子，尊皇太妃为皇太后……戊子，帝朝皇太后于宣光殿，大赦天下……（壬辰）群臣奏请皇太后临朝称制。九月乙巳，皇太后亲览万机"（《魏书·肃宗纪》）。皇太后高氏之废，主要由于其伯父高肇失势[④]，此后，朝政归于胡太后。

① 参看宫大中《龙门石窟艺术》，上海人民出版社1981年版第67页。

② 《魏书·释老志》："景明初（公元500年），世宗诏大长秋卿白整準代京灵岩寺石窟，于洛南伊阙山，为高祖、文昭皇太后营石窟二所。初建之始，窟顶去地三百一十尺。至正始二年（公元505年）中，始出斩山二十三丈。至大长秋卿王质谓斩山太高，费工难就，奏求下移就平，去地一百尺，南北一百四十尺。永平中（公元508～511年），中尹刘腾奏为世宗复造石窟一，凡为三所……"知景明初建二所石窟的地点与接受王质建议下移就平的地点不同。初建之地，水野清一、长广敏雄《龙门石窟の研究》（1941）第128页注17谓在今奉先寺地点；《龙门石窟艺术》第86页谓在今宾阳洞上部犹有遗迹可寻。

③ 关于北魏所营石窟三所的位置，40年代以前议论颇多，40年代以来，研究者多同意是宾阳三洞。参看《龙门石窟の研究》，同朋舍1980年版第126～127页；刘汝醴《关于龙门三窟》，刊《文物》1959年12期第17～18页。

④ 高肇失势，事见《北史·外戚·高肇传》。《魏书·天象志》四记废高后事云："时高后席宠凶悍，虽人主犹畏之，莫敢动摇，故世宗胤嗣几绝。明年上崩，后废为尼，降居瑶光寺。寻为胡氏所害，以厌天变也。"1929年，高后墓志（《魏瑶光寺尼慈又墓志》）出土于洛阳东北三十里铺村南，《汉魏南北朝墓志集释》图版28影印其拓本。志云："尼讳英，姓高氏，勃海徕人也。文昭皇太后之兄女，世宗景明四年（公元503年）纳为夫人，正始五年（公元508年）拜为皇后。帝崩，志愿道门，出俗为尼，以神龟元年（公元518年）九月廿四日薨于寺，十月十五日还葬芒山……"，讳言其死因。

除了上述五座大型洞窟外,在古阳、莲花两洞之间,还有一处高2.7米的大龛。龛内主像是交脚弥勒,两侧各立一胁侍菩萨。主像之后雕有高大背光,背光上方龛顶部分雕伎乐天人半匝。类似布局的交脚弥勒龛,又见于古阳洞南北两壁上层列龛之上,其中北壁上方的两座龛有明确纪年,即太和十九年(公元495年)长乐王丘穆陵亮夫人尉迟氏龛和二十二年(公元498年)北海王元详龛。前者是现存龙门纪年窟龛中的最早者;后者与此龛相同在弥勒项光上部雕饰缠枝葡萄花纹半匝,这种文饰在龙门石窟除此两例外,又见于古阳洞顶部孝文宣武时期的小龛[5]。以上情况,可以说明此龛的年代,亦应在孝文帝迁洛之后不久。

第二阶段——胡太后时期

"神龟、正光之际,府藏盈溢"(《魏书·食货志》),以胡太后为首的北魏朝野竞相于洛阳城郭大造佛寺。"都城之中及郭邑之内,检括寺舍,数乘五百,空地表刹,未立塔宇,不在其数"(《魏书·释老志》载神龟元年冬任城王元澄奏)[6],龙门兴窟似乎退居次要。永平中,因刘腾奏请为世宗兴造的宾阳北洞工程仍在继续,龙门最大的一座接近椭圆形的大型长方形窟——火烧洞,大约开凿于孝明之初[7]。《魏书·肃宗纪》所记熙平二年(公元517年)四月"乙卯,皇太后幸伊阙石窟寺,即日还宫",可能就是在这种情况下出现的。

开凿于神龟三年(公元520年)的中小型窟——慈香洞[8],是一种新型的接近方形的三壁设坛式的洞窟。大约与慈香洞同时的魏字洞(中型窟)和普泰洞(中小型窟)[9],是另一种新型的接近方形的三壁三龛式洞窟。还有一种只于后壁(正壁)设坛的横长方形窟——弥勒洞(中型窟),大约也开凿于此时[10]。

上述诸窟中,火烧洞和普泰洞俱未完工。火烧洞形制巨大,窟口雕饰复杂,窟内正壁主像与宾阳中洞相同,为一坐佛、二弟子、二菩萨和佛座前两侧各雕一狮(现尚存狮爪、尾等残迹),皆已完工,西壁大碑碑体亦凿就,该洞似在南北壁尚未雕饰之前,即遭到有计划的破坏。破坏的时间当在该洞出现正光三年(公元522年)七月小龛之前。普泰洞窟顶和窟外都未竣工,其停工之年,可从与其时间相若的魏字洞南北壁俱有后刻的正光四年(公元523年)九月小龛推知在该龛雕造之前。以上迹象,大体可以说明正光三年七月以前和正光四年九月以前龙门凿窟工程又出现了停工废置的情况,前者似可推测与正光元年(公元520年)"秋七月丙子,侍中元叉、中侍中刘腾奉(孝明)帝幸前殿……乃幽皇太后于北宫"(《魏书·肃宗纪》),后党多遭杀黜有关。后者不知与正光四年二月"司空刘腾薨"(《魏书·肃宗纪》)有无关系;但上述"永平中,刘腾复为世宗凿一龛,至是(正光四年六月)……,凡用十八万二千余工而未成"(《资治通鉴》普通四年)的宾阳北洞,则应是因刘腾之死而停工的[11]。为文昭皇太后高氏营造的宾阳南洞的停工,可能比宾阳北洞为早[12]。

正光元年七月胡太后被幽之后,北魏当政者元叉、刘腾均崇佛教。元叉精于释义[13],刘腾多建佛寺[14],所以洛阳佛教仍盛。自正光元年七月迄胡太后复

⑤ 承龙门石窟保管所李文生先生见告:古阳洞顶尚有二或三小龛雕饰葡萄文样。

⑥ 洛阳朝野竞相建寺事,参看《洛阳伽蓝记》。孝明嗣位迄正光元年(公元516~520年),胡太后于洛阳城内建永宁寺[熙平元年(公元516年)],城东建秦太上君寺,城南建秦太上公寺(神龟元年[公元518年]),皆极壮丽。

⑦ 火烧洞正壁本尊肩部较宽,残存的稠密衣纹与古阳洞本尊衣纹接近。该窟南壁有正光三年(公元522年)后开小龛,因可推测其开凿之年最迟也应在孝明前期。

⑧ 慈香洞正壁下部右侧刻有《大魏神龟三年(公元520年)三月廿日比丘尼慈香、慧政造窟一区记》。

⑨ 魏字洞本尊衣纹与宾阳中洞接近,右肩大衣之外斜覆偏衫衣角亦与宾阳中洞本尊同。参看田边三郎助《巩县石窟の北魏造像上飞鸟雕刻》,刊《中国石窟·巩县石窟寺》(1983年)第233~236页。魏字洞南北壁俱有正光四年(公元523年)后开小龛,因可推知其开凿之年最迟也应在孝明前期。普泰洞与魏字洞形制相同,本尊形象亦相类。

⑩ 该洞本尊弥勒尚是交脚坐式,裙褶亦极简单,就造像形式论,应处在龙门第一、二阶段之间。

⑪ 参看《龙门石窟の研究》第127页。

⑫ 为文昭皇太后高氏营造的宾阳南洞的停工,可能与其兄高肇赐死有关。肇赐死在延昌四年(公元515年)二月辛巳,见《魏书·肃宗纪》。

⑬ 元叉奉佛,见《汉魏南北朝墓志集释》图版78所录元叉墓志。志云:"公少好黄老,尤精释义,招集缁徒,日盈动百,讲论疑滞,研颐是非,以烛嗣日,怡然自得。"

⑭ 刘腾除为世宗造宾阳北洞外,胡太后所建"太上公、太上君及城东三寺,皆主修营"(《魏书·阉宦·刘腾传》)。又于城内立长秋寺,见《洛阳伽蓝记》卷一。

政之孝昌元年(公元525年)四月,龙门虽无开窟记载,但非显贵雕凿小龛的风气盛行。据龙门石窟保管所的初步统计,其间有明确纪年的小龛即有十八处。

龙门较大工程的再出现约在胡太后复政之后。著名的窟外有孝昌三年岁次丁未(公元527年)九月辛酉朔十七日《太尉公皇甫公石窟碑》[15]的皇甫公窟即是一例。此皇甫公,沙畹推测即是《魏书·肃宗纪》所记孝昌三年正月"戊子,以司徒皇甫度为太尉"的皇甫度[16]。温玉成又据《北史·后妃传》上《宣武灵皇后胡氏传》:"宣武灵皇后胡氏,安定临泾人,司徒国珍女也。母皇甫氏"[17],推测此窟为胡太后外祖家所造。按皇甫度确是胡太后母舅,见《北史·外戚·皇甫集传》:"太后舅皇甫集……安定朝那人……集弟度……孝昌元年,为司空领军将军,加侍中。元叉之见出也,恐朝夕诛灭……又摄吏部事,迁司徒,兼尚书令,不拜。寻转太尉,孜孜营利,老而弥甚。迁授之际,皆自请乞。灵太后知其无用,以舅氏,难违之。"太后母舅于太后复政之后兴建此窟,尽管洞窟规模不大——属大中型窟,但布局紧密,雕饰精丽,在设计、形象和装饰各方面俱有创新,南北后三壁下方又雕有众多仪卫的供养礼佛行列,显然不是一般中小型窟所能比拟的。《魏书·肃宗纪》记孝昌三年八月"戊寅,帝幸南石窟寺,即日还宫",或许与此窟有关。

此外,大批小龛和中小型窟的雕凿极盛于正光、孝昌间。胡太后复政迄孝昌之末,有明确纪年的小龛,据龙门石窟保管所初步统计达二十四处;骁骑将军洞、地花洞、弥勒洞北一洞、弥勒洞北二洞、六狮洞、来思九洞等小型方形窟大约都完成于正光孝昌间。值得注意的是两座开凿于此时的中大型窟——药方洞和唐字洞都没有完工。药方洞原来设计的形制应与宾阳南北两洞接近,南北两壁大龛和正壁主像皆辍工废置后所修造[18]。唐字洞开凿时间略迟于药方,其形制与前此的慈香、地花、六狮诸中小型方形窟接近,洞内龛像也是废置后所修造[19]。两座中大型洞窟的辍工废置,反映了龙门工程又遭遇了挫折。这次中断,大约是同孝庄即位之初发生河阴之乱有关。《魏书·尔朱荣传》记武泰元年(公元528年)四月,"(尔朱荣)因纵兵乱害,王公卿士皆敛乎就戮,死者千三百余人,皇弟、皇兄并亦见害,灵太后、少主其日暴崩"。正舍资财在龙门开窟的窟主,有的可能就在这大批罹难的皇室百官之中。

第三阶段——孝昌以后的北魏末期

"孝昌已后,天下淆乱"(《魏书·刑罚志》),迄北魏覆灭(公元528～534年),龙门窟龛的雕凿日趋式微。据初步统计此阶段有明确纪年的小龛有十六处,时代最迟的纪年龛是药方洞窟口北壁永熙三年(公元534年)五月龛。火烧洞正壁右侧王妃胡智所开龛,大约也雕造在这阶段的晚期[20]。

这阶段开凿的洞窟,计有小型窟一座,中型窟二座,中大型窟一座。

中大型窟是已完工的路洞。该洞属方形窟,正壁作椭圆形,略似宾阳南北洞,但南北壁雕出较浅的列龛;前壁有完工后雕造的东魏元象二年(公元539年)四月小龛[21]。元象二年上距北魏之亡不过五年。这五年间,洛阳地区已沦

⑮ 该碑文多剥蚀,碑额与年月尚可辨识,碑北侧面存撰、书、刻石人名云:"使持节安西将军□□刺史度支尚书汝南袁翻景翔文","长乐公□中尉汝南王□□大夫太原王实神□隶","将作军之南阳张文□石"。袁翻,《魏书》有传云:"翻既才学名重,又善附会,亦为灵太后所信待",为太后外祖家撰碑颂德,应是善附会之例。王实、张文无考。

⑯ 沙畹(Edouard chavannes)《北中国考古图录》(Mission archéologigoue dans La Chine Septentrionalc,1915)卷二解说,第508～509页。

⑰ 元叉妻胡太后妹,其岳家亦皇甫氏,见《魏书·道武七王传·京兆王传》。

⑱ 药方洞似只凿就窟形和窟顶莲花、飞天而辍工。辍工的时间,从北壁有永安三年(公元530年)后开小龛估计,应在孝昌末年。

⑲ 唐字洞似只凿就窟形、窟口上方屋形窟檐和窟口左侧的螭首碑体即辍工。辍工之年,从窟檐和碑体形制俱与皇甫公石窟相类,推测亦在孝昌末年。

⑳ 此龛颇具史料价值。其铭记全文是:"……年七月十│……清信女佛弟│……子王妃胡智……造│……像一躯愿国│……疆四海安宁│……常乐│元善见侍佛│元敬悆侍佛│□仲华侍佛"。《八琼室金石补正》卷十三释此铭云:"东魏孝静帝名善见,清河王亶之子,母曰胡妃。此所称王妃盖清河王妃也……纪年缺泐,当在正光以后。"日本冢本善隆谓敬悆仲华如是善见之弟,则该龛之凿当在永熙三年(公元534年)顷,见《龙门石窟の研究》第172页。按永熙三年冬十月善见即被高欢拥立,随即迁邺,此龛雕造似应在出帝太昌元年(公元532年)五月加清河王亶仪同三司,寻又进位司徒公时。其时洛阳一度安谧,"诏(洛阳)外内解严",次年正月出帝亦曾"幸嵩高石窟灵岩寺"(《魏书·废出三帝纪·出帝平阳王纪》)。该龛具体情况,

为战场，因此推知路洞完工应在北魏末年。路洞设计规整，内容丰富，雕饰亦精致，表明开窟者应是统治集团的上层。《魏书·废出三帝纪》记出帝永熙二年（公元533年）正月"己亥，车驾幸崧高石窟灵岩寺。庚子，又幸，散施各有差"。出帝于尔朱之乱初平，高欢宇文泰相争已趋白热化之际，连日南来龙门，除了礼拜宾阳诸洞外，约许也有观礼此洞的因素。

中型窟两座，皆正壁作椭圆形的方形窟，较小的天统洞已完工；较大的赵客师洞仅凿出窟形，窟内龛像皆废置后所雕造。该洞前壁有永熙二年（公元533年）后雕小龛，知其辍工应在永熙二年之前。

小型窟一座即汴州洞。该窟属三壁设坛式方形窟，窟内龛像也多后来补作。

河阴之乱后，洛阳多变：永安二年（公元529年）五月元颢入洛，七月败亡；三年二月诛尔朱荣、元穆；是年十二月尔朱兆、尔朱度律袭据京师；永熙元年（公元532年）七月尔朱覆灭。赵客师洞和汴州洞的停工，疑是这些事变的结果。

第四阶段——东西魏、北齐周时期

永熙三年（公元534年）十月改元天平，孝静东迁，此后东西魏竞争于洛阳，迄东魏武定元年（公元543年）三月西魏西撤，其间龙门仅偶雕小龛。据统计有明确纪年的十七处，其中有西魏大统纪年的四处。值得注意的是上述王妃胡智龛完工后曾屡遭人为破坏，最早的一次或许出自西魏人之手，亦即西魏占据洛阳之时。

武定元年三月以后，直迄北齐之亡（公元577年），洛阳虽属东魏、北齐版图，但"城郭崩毁，宫室倾覆，寺观灰烬，庙塔丘墟……今日寥廓，钟声罕闻"（《洛阳伽蓝记序》杨衒之描述武定五年即公元547年时洛阳情况），龙门当然也日益萧条，无复旧观，三十余年间仅留有少量小龛和补作几尊造像而已。前者据统计有明确纪年的共十八处，最晚的是莲花洞南壁武平元年（公元570年）造像；后者如汴州洞正壁、南壁造像。药方洞口右侧武平六年（公元575年）六月都邑师道兴等所雕释迦七尊龛和螭首碑，应是这阶段较精致的工程，反映出北齐晚期龙门雕造又有起色，但旋即北齐败亡（公元577年），龙门再兴，就要到7世纪40年代以后的李唐太宗、高宗之世了。

（二）　龙门以外的北朝石窟及其年代

东汉迄北朝洛阳故城周围，除龙门外，还分布有不少处较小的北朝石窟群（参见本卷温玉成论文：插图一）。这些较小的石窟群，在形制、内容和艺术风格等方面，都或多或少地可为龙门石窟作补充（参看插图一），因此对了解洛阳地区北朝石窟的全貌，它们是不容忽视的。这些较小的石窟群，经过调查的有巩县大力山石窟、渑池鸿庆寺石窟、偃师水泉石窟、新安西沃石窟、孟县

李文生有较详记录，附录如下："该龛人为盗凿严重，根据遗存来看，为一盝顶龛，龛高约50公分，宽60公分。龛楣中央梯形部分刻小千佛，左右菱格无存，两端格上刻维摩诘对问，下刻思惟菩萨像，龛额外上方垂饰帷幔，下刻小千佛一排。龛内造像从遗存残迹看，为一佛二弟子二菩萨：主像可能为释迦结跏趺坐像，狮子座；左菩萨头残毁，唯存身躯，手合十，肩搭帔帛，于膝部十字交叉。龛下部中央为该龛造像记，左方内侧为二供养人，仅存膝部以下，供养人外侧刻一力士像。"又清河王亶胡妃系胡国珍孙宁女，见《魏书·外戚·胡国珍传》。

㉑　《周书·文帝纪》下记西魏大统四年［即东魏元象元年（公元538年）］十二月"是云宝袭洛阳，东魏将王元轨弃城走"，直到东魏武定元年［西魏大统九年（公元543年）］三月"戊申，齐献武王讨黑獭，战于邙山，大破之……豫洛二州平"（《魏书·孝静纪》），洛阳才又归属东魏。按东西魏对峙洛阳阶段，史书只略记其大势，其实无论东魏或西魏都未能尽据洛阳地区，所以龙门既出现了西魏大统四年六月的造像记，又出现了如路洞的东魏元象二年四月的小龛。大统四年六月造像记见录于《八琼室金石补正》卷十六。

三 洛阳白马寺旧藏弥勒像 ボストン美术馆

① 参看《中国石窟·巩县石窟寺》，平凡社，1983年版。

② 洛阳白马寺曾藏一件这种坐姿的弥勒菩萨石像，雕造时间大约亦在北魏胡太后时期，该像于本世纪初被运出国外，现藏美国波士顿美术馆。参看喜龙仁（OSWALD SIREN）《五至十四世纪中国雕刻》（LA SCULPTURE CHINOISE DU Ve AU XIVe SIECLE）1925年，图版112。（本文插图三）

③ 坐佛大衣外右肩斜覆偏衫衣角的作法，亦见于天水麦积山北魏晚期洞窟，如第一二六窟坐佛。这种作法，北魏以后仍流行于东魏、北齐时。巩县第二窟东壁东魏小龛中坐佛即是一例，该像胸前衣带似亦内折，参看《中国石窟·巩县石窟寺》图版97。太原天龙山石窟第二、三两窟主像斜覆偏衫衣角的情况尤为清晰，参看田中俊逸《天龙山石窟》1922年版，图版6.17。E.Chavannes书图版CCLⅩⅩⅩⅡ所录北齐武平二年（公元571年）石永兴等造像碑中的释迦坐像雕出偏衫衣角，O.SIREN书图版233所录北齐造像碑中的释迦坐像雕出偏衫衣边。此外，朝鲜、日本有更迟之例，如庆尚南道荣水郡宿水寺址所出小铜坐佛和奈良法隆寺献纳的小铜坐佛（第147号）、法轮寺药师木

莲花洞石窟、孟津谢庄石窟、嵩县铺沟石窟和宜阳虎头寺石窟等八处。

一、 巩县大力山石窟①

巩县大力山石窟位于芒山东端大力山南麓，面临洛水，西距洛阳故城约44公里。现存北朝开凿的洞窟五座。其中深5米左右的中大型窟四座，即第一至第四窟，皆中心柱窟（塔庙窟）；深3米左右的中型佛殿窟一座，即第五窟。五座窟俱无纪年铭记，从洞窟形制、造像题材和装饰花文诸方面观察，它们的雕造时间虽较接近，但以造像的某些细部与姿态和龙门有关诸窟进行比较，则可大略判断其相对年代；也可初步推测五座窟本身的先后次第。比较的内容试择以下六例：

		巩 县 石 窟				龙 门 石 窟								
例号	内容（造像细部与姿态举例）	第一窟	第三窟	第四窟	第五窟	宾阳中洞	魏字洞	普泰洞	骁骑将军洞	弥勒洞北一洞	地花洞	皇甫公窟	六狮洞	路洞
I	弥勒结跏趺坐，右足外露下垂	*	*	*	*		*					*		
II	佛像胸前衣带内折	*	*	*	*	*	*	*	*	*	*			
III	佛坐像大衣外右肩斜复偏衫衣角	*		*		*	*	*	*	*	*			
IV	蹲狮有作举爪状者		*	*	*		*		*		*		*	*
V	入口前壁两侧雕立佛龛				*			*				*		
VI	主龛龛面雕宝帐帷幕	*	*	*			*	*						*

上表第I例，巩县第一、三、四、五窟的弥勒菩萨像皆作结跏趺坐、右脚外露并多作下垂状。此种姿态的弥勒，龙门有两例，较早的是魏字洞南北龛主像，较晚的是皇甫公窟南龛主像②。

第II例 巩县第一、三、四、五窟的佛像，胸前衣带一端内折。此种衣带内折的作法，龙门有两种形式：(1)较早的宾阳中洞和魏字洞主像内折的衣带，皆向下垂至衣缘之下；(2)略晚的普泰洞和较晚的骁骑将军洞、弥勒洞北一洞、皇甫公石窟主像衣带则折于衣缘之内。巩县四座窟佛像衣带内折的样式与后者同。由上I、II两例，可知巩县第一、三、四、五窟的时间，约在魏字洞前后以迄皇甫公窟前后（插图二）。

第III例 巩县第一、四两窟坐佛大衣外右肩斜覆一衣角，表示大衣之外另着偏衫；第三、五两窟坐佛则无此衣角。此种服饰在龙门的演变次第是：(1)宾阳中洞、魏字洞和普泰洞主佛皆覆有衣角；(2)骁骑将军洞、弥勒洞北一洞、地花洞主像衣角已窄小，皇甫公窟不见衣角，只余其下面的窄边；(3)再后如六狮洞、路洞窄边亦不明显。按龙门情况，可知巩县第一、四两窟可与皇甫公

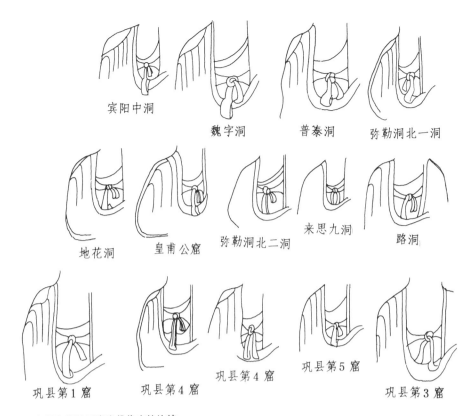

宾阳中洞　　魏字洞　　普泰洞　　弥勒洞北一洞

地花洞　　皇甫公窟　　弥勒洞北二洞　　来思九洞　　路洞

巩县第1窟　　巩县第4窟　　巩县第4窟　　巩县第5窟　　巩县第3窟

二　龙门和巩县两窟坐佛像衣纹比较

窟以前诸洞相比;第三、五两窟可与皇甫公窟及其以后诸洞相比③(参看插图二)。

　　第Ⅳ例　巩县第一窟佛座下两侧蹲狮前肢挂地,第三、四、五窟蹲狮有的作相对举爪姿态。在龙门:(1)魏字洞以前诸洞蹲狮俱不举爪;(2)魏字洞两狮相背一狮举爪,是龙门蹲狮举爪最早之例④;(3)二狮相对举爪出现较晚,见于地花洞和六狮洞。依此例,巩县第一窟蹲狮不举爪的形态比第三、四、五窟为早,而第三、四、五窟二狮相对举爪应比魏字洞为晚⑤。

　　第Ⅴ例　巩县第五窟前壁窟口两侧各设一立佛龛。此种布局龙门有两侧,较早的是普泰洞,较晚的是皇甫公窟。由此可知,第五窟可与普泰洞——皇甫公窟相比。

　　第Ⅳ例　巩县第一、三、四窟中心柱四面龛龛面皆饰以宝帐帷幕。龛面装饰宝帐帷幕在龙门最早见于魏字洞和普泰洞。巩县第三窟龛面有的加饰兽面花绳,这种加饰兽面花绳的宝帐帷幕龙门仅见于路洞。由此可知,第一、四两窟可与龙门魏字洞、普泰洞相比,而第三窟则明显较晚⑥。此外,第三窟中心柱西壁帷幕之上又加饰流苏、中心柱北壁本尊衣纹雕饰双线等,也都明显是较晚的作法⑦。

　　根据上面的比较,大体上可以推知:巩县第一窟为早,第四窟次之,两窟的时间约与龙门魏字洞、普泰洞接近,即完工于胡太后被幽之前,第四窟部分壁面雕造草率,或与此事变有关;第五窟、第三窟又次之,两窟的时间约当皇甫公石窟迄路洞之间。此两窟部分壁面未完工和上表未列入的第二窟仅凿出窟形即辍工,可能都与孝昌以后政局多变有关⑧。

　　巩县石窟第一窟工程较大,雕造也最精致,过去有人拟为北魏皇室所开,并无可靠论据⑨。1979年10月,巩县石窟保管所于该窟中心柱后壁主龛西侧发现"上仪同昌国侯郑毅赠开府陈州刺史　息乾智侍佛时",东侧发现"毅妻

雕等,参看田边三郎助《巩县石窟中的北魏造像与飞鸟雕刻》,刊《中国石窟·巩县石窟寺》第233～238页。又四川成都万佛寺所出梁武帝时期所雕石坐佛亦饰有偏衫衣角。这个发现应予注意,或许可以说明北朝造像出现偏衫衣角也有来源于南朝的可能。参看刘志远《成都万佛寺石刻艺术》,1958年,图版13。

④　古阳洞南壁下层神龟二年(公元519年)杜永安造无量寿佛龛,神龟三年(公元520年)赵阿欢等卅五人造弥勒龛双狮皆相背举爪,为龙门小龛中相背举爪的最早例。

⑤　北朝晚期流行双狮相对举爪姿式,如古阳洞北壁中层天平三年(公元536年)比丘尼昙会阿容造观音龛下部双狮、巩县石窟第二窟东壁东魏小龛下部双狮和邯郸南响堂石窟第一窟中心柱正壁下部双狮等。参看《中国石窟·巩县石窟寺》图版97,水野清一、长广敏雄《响堂山石窟》1937年版,图版10a。

⑥　宝帐帷幕龛亦流行于北朝晚期,如邯郸南北响堂诸窟,参看《响堂山石窟》图版6、22**B**、34、49、55**B**;太原天龙山石窟第二、三窟,参看《天龙山石窟》图版6、17;天水麦积山第四窟(上七佛阁),参看文化部社会文化事业管理局《麦积山石窟》1954年版,图版17。

⑦　衣纹加饰双线,亦多见于北朝晚期造像,如邯郸北响堂北洞中心柱龛面,参看《响堂山石窟》图版56;太原天龙山第八窟中心柱龛面和第十六窟西壁主像,参看《天龙山石窟》图版34、64。

⑧　巩县石窟西北距裴峪渡不远,裴峪渡即东汉以来的小平津。其地扼洛河入黄要冲,自武泰元年(公元528年)四月"尔朱荣向洛,灵太后征(费)穆、令屯小平"(《魏书·费于传附穆传》)以来,迄东西魏相争时期,俱为军事要地,巩县石窟较大工程的中止,疑与此有一定的关联。

⑨　参看陈明达《巩县石窟寺的雕凿年代及特点》,刊河南省文

化局文物工作队:《巩县石窟寺》,文物出版社1963年版第19～20页。或谓《魏书·肃宗纪》记孝昌二年(公元526年)"帝幸南石窟寺",则此"南石窟寺按其方位当然仍是指龙门……似乎正暗示出此时巩县石窟寺至少已完成了一窟,以其在洛阳之东可能曾称东石窟寺,所以改称伊阙为南石窟寺,以资区别"。这个解释,纯属出自误会。北魏迁洛后,称洛京为南台,旧都平城为北台,故平城武州山石窟即今山西大同云冈石窟又名北台石窟,见《续高僧传》卷一《昙曜传》。《魏书》所记南石窟寺系对北台石窟而言,并非因别有一东石窟寺也。

⑩ 参看安金槐《巩县石窟寺序说》,刊《中国石窟·巩县石窟寺》第192～193页。

⑪ 《周书·武帝纪》下:"建德四年冬十月戊午……又置上开府、上仪同官"。《北史·卢同传附兄子辩传》:"建德四年……仍增上仪同人将军。"

⑫ 《元和郡县志》卷八:"陈州,东魏孝静帝以淮南内附,置北扬州,理项城……高齐文宣帝以百姓守信,不附侯景,改北扬州为信州。周武帝改信州为陈州。"

⑬ 参看《新唐书·宰相世系表》五上。

⑭ 参看《魏书·郑羲传》。乾隆《荥阳县志》卷十一记该县曾出正光三年(公元522年)镇远将军郑道忠墓志、大中九年(公元855年)郑恒夫人崔氏合祔墓志。《朱文公校昌黎先生集》卷二十六录《唐故河东节度使荥阳郑公(儋)神道碑文》:"河东节度使赠尚书右仆射郑公,(贞元十七年[公元801年])葬在荥阳索上。"按荥阳有大索、小索,"大索城即今荥阳县","小索城在大索城北四里,故址尚存"。见《荥阳县志》卷二。因知郑氏自北魏以来即有徙居荥阳者。荥阳即巩县东邻,荥阳县治西距巩县石窟不过40公里。

⑮ 参看《北史·郑羲传》。

成郡君侍佛时"铭记。或 此铭记系北魏末年元氏政权已岌岌可危时所补刻⑩。考诸史籍,上仪同之设始于北周建德四年(公元575年)⑪;陈州之置亦始于北周武帝时⑫,因知郑叡夫妇铭记的出现,不会早于北周。周上仪同九命,官阶甚高,在重视家世的时代,这样高官阶的人物是否能把自己侍佛时的铭记,冒刻于废朝皇室所开的窟中,是值得怀疑的。按荥阳郑氏自魏晋以来盘错于汴郑间⑬,北魏一代联姻帝室、显贵,世代多官荥阳⑭,为密迩洛阳、西邻巩县的大姓豪门。北魏分裂,郑氏分隶东西⑮,大统十三年(公元547年)"侯景归款,周文命(郑)伟所部应接。及景叛,伟亦全军而还。除荥阳郡守,进爵襄城郡公,侍中、骠骑大将军、开府仪同三司"(《北史·郑羲传附伟传》)。大统十六年(公元550年)宇文泰"总戎东讨……仍令(郑)孝穆引接关东归附人士,并品藻才行而任用之。孝穆抚纳诠叙,咸得其宜"(《周书·郑孝穆传》),皆利用郑姓世家关系派去洛阳地区应接、按抚。此郑叡或其族人。一姓开窟,后辈继续供养,敦煌莫高窟其例甚多⑯,最著者如翟家窟即第二二〇窟⑰。然则巩县石窟的开凿或即出自荥阳郑氏。郑氏崇释教,龙门古阳洞窟顶前部有景明二年(公元501年)郑长猷与其妾造弥勒四躯⑱。胡太后之世,郑俨为太后宠幸,"当时政令归于俨等……肃宗崩,事出仓卒,天下咸言俨计也"(《魏书·恩倖·郑俨传》)⑲,其时荥阳诸郑多因俨势除高官,是胡太后执政之际,亦郑氏隆兴之日,巩县开窟盛于此时,或非偶然。巩县石窟造像简稚沉静与龙门异趣,说者多谓南朝影响⑳,此问题详见本文(三)。这里先申明的是荥阳郑氏亦正多南朝关系。北魏献文时,郑演、郑德玄自淮南内附㉑,之后郑氏子弟多任职南疆㉒尔朱入洛郑先萨窜去南梁㉓,东魏有郑伯猷伎肖衍㉔,西魏有郑孝穆使肖詧㉕,北周有郑诩聘陈㉖。郑氏之族未因改朝易代而有变化,其与南朝之关系亦相续不绝。以上诸端,虽不足证实巩县石窟出于郑氏,但综合观之,似亦可作为一种推测的根据,供研究者参考。

二、 渑池鸿庆寺石窟㉗

渑池鸿庆寺石窟位于今义马市东南8公里,东距北魏洛阳城约60公里。石窟南临南涧河,北依白鹿山。现存北朝所开洞窟六座,内深5米左右的大中型窟两座即第一窟和第三窟;3米以上的中型窟一座,即第二窟;3米以下的小窟三座即第四、五、六窟。除第一窟为中心柱窟、第六窟为禅窟外,俱属殿堂窟。六座窟皆既无纪年铭记,又多剥蚀崩圮。据所存残迹观察,它们的开凿时间极为接近。

第一窟平面布局、窟顶平棊虽近巩县第一窟,但东西后壁和中心柱上部皆布置大幅佛传浮雕㉘。这种布局,在龙门只见于路洞南壁内侧上层小龛内,该龛后壁浮雕降魔变与第一窟后壁浮雕内容亦完全相同。第一窟与路洞相似处尚有:(1)中心柱正壁下部雕博山炉与对狮,狮炉雕于主龛之下,龙门见于六狮洞,路洞和汴州洞㉙;(2)第一窟东壁佛传浮雕中城楼檐下的叉手与路洞南北壁上层屋形龛檐下叉手,两脚俱略有曲线。由此推知,第一窟的时间已接近路洞,其绝对年代或许即在公元528年河阴之变前后。

第二、四两窟皆三壁三龛式方形窟,形制与巩县第五窟相似。但两窟窟顶皆雕作盝形;第二窟正壁龛外侧各雕一弟子像;西壁主龛尖拱龛面两端作反转的涡旋文;第四窟正壁上端雕饰宝盖,盝顶四坡每坡中间雕宝珠,宝珠两侧雕相对的飞天。凡此诸端,都应是较晚出现的形象,值得注意的是第二窟西壁主龛本尊衣纹既与龙门常见的正光孝昌间衣纹不同;也和巩县诸窟中的衣纹有异(插图四),而与龙门路洞南北壁内侧龛内主像衣纹相似[30]。可知两窟的时间接近于第一窟。第二窟前壁无雕痕,当是未完工的迹象。

第三窟略作长方形,正壁两端呈委角,壁前诸像和西壁两龛约属同期雕作,其中菩萨带饰与第二窟相似,西壁残存有与第二窟相似的宝帐边饰。东壁造像系后补作。

第五窟造像皆剥蚀,顶作盝状。

第六窟系禅窟,无雕饰。

以上六窟大抵开凿于河阴之变前后。第二窟辍工和第三窟的补作亦当在北魏分裂之前。

三、 偃师水泉石窟[31]

偃师水泉石窟位于寇店村南万安山断崖上,面对沙河,其地北距北魏洛阳城约20公里。现存深9.5米的大型敞口纵长方形平顶殿堂窟一座。该窟系就天然溶洞修凿。窟正壁雕造并立二佛像,像高5米有余,头上部残,额肩宽平,衣纹多平行线条,裙褶细密,与龙门宾阳中洞南北立佛接近(插图五)。窟外右侧崖面雕摩崖大碑,碑具螭首,螭首中部凿一坐佛,碑身存右半,内有"比丘昙覆……归山自静,于京南大谷之左面私力崇营……皇帝陛下、皇太后敬造石圌……"文句,知此二立佛为昙覆所雕。立佛两侧和南北壁多布小龛。两侧小龛的雕造略迟于立佛,中有尖拱龛,龛面雕饰双翼,为他处所罕见(插图六)。南北壁小龛时间较晚,铭记有永安、普泰和西魏大统等纪元。窟口右侧小龛密集,雕凿较早,龛面繁缛,有佛传故事,有缠枝葡萄,可与龙门古阳洞中宣武时期造像龛相比较。小龛中多交脚弥勒盝顶龛,上方一龛铭记云:"石窟主昙覆敬圌造",该龛右下侧两龛铭记纪年俱熙平二年(公元517年),因知昙覆建窟与雕二立佛的时间,亦当在孝明之初,则碑所云"皇帝陛下、皇太后",即孝明与胡太后。二佛并立于一窟,这种特殊布局亦因碑文而得确解。此窟形制与龙门古阳、莲花两洞类似,大约这是洛阳地区较早流行的一种大型窟式。窟外右侧有一小型禅窟,无雕饰。

⑯ 参看金维诺:《敦煌窟龛名数考》,刊《文物》1959年5期第50~54,61页。

⑰ 参看敦煌文物研究所:《敦煌莫高窟第220窟新发现的复壁壁画》,刊《文物》1978年12期第41~46页。

⑱ 郑长猷见《魏书·刘芳传附郑演传》。

⑲ 肃宗之死,普泰元年(公元531年)元天穆墓志记:"孝昌三年(公元527年),牝鸡失德,雄雉乱朝,肃宗暴崩,祸由酖毒"。见《汉魏南北朝墓志集释》图版四六之二。

⑳ 参看松原三郎《中国佛像样式の南北再考》,刊《美术研究》296号第32页(1974年)。北野正男曾推测巩县石窟为南齐归魏贵族萧姓一族所营造,见《世界の文化史迹》7《中国の石窟》所收《巩县石窟》,1969年。

㉑ 郑演见《魏书·刘芳附传》,郑德玄见《魏书·郑羲传》。

㉒㉓㉔ 见《魏书·郑羲传》。

㉕㉖ 见《周书·郑孝穆传》。

㉗ 参看俞剑华、于希宁:《渑池鸿庆寺石窟》,刊《文物参考资料》1956年4期第46~49页。

㉘ 邯郸南响堂第一窟前壁和中心柱上部布置大幅浮雕应源于此,参看O·Siren书图版192~195,《响堂山石窟》图版6A.B.插图十、十六、附录雕刻例一。

㉙ 龙门古阳洞北壁中层天平三年(公元536年)比丘尼昙会等造观音龛下部和邯郸南响堂第一窟中心柱下部皆布置博山炉和对狮,参看《响堂山石窟》图版10B,南响堂第一窟左壁浮雕佛塔,其基座亦雕同一内容,见同书图版11A。

㉚ 天龙第三窟主像衣纹亦与此相似,参看《天龙山石窟》图版34。

㉛ 参看偃师县文管会:《水泉石窟》,刊《河南省文物志选稿》第二辑第111~112页,1983年。

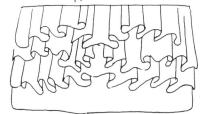

四　渑池鸿庆寺石窟第2窟本尊衣纹

五　偃师水泉石窟立佛像

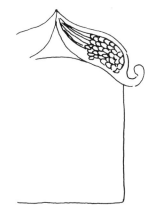

六　偃师水泉石窟尖拱龛楣雕饰

七 孟县万佛山石窟正壁维摩文殊像

四、 新安西沃石窟[32]

新安西沃石窟开凿于青要山崖,面临黄河,其地东南距北魏洛阳故城约90公里,现存小型方形殿堂窟两座。

第一窟穹隆顶三壁设坛,正壁主像为坐佛,东西壁为立佛,布局与龙门弥勒洞北一洞、弥勒洞北二洞同。正壁佛坛下部正中雕博山炉、两侧各一狮,与鸿庆寺第一窟相似。窟口右侧有刻铭,中有"建功孝昌之始,□就建义初",知其时间亦与以上诸窟相近。

第二窟为一敞口横长方形小窟,正壁设坛,主像为坐佛,其上雕帷帐龛面与龙门路洞相似。碑记此窟系邑老韩法胜等集资于普泰元年(公元531年)造。碑刻在窟内西壁,尚存龙门旧制。

五、 孟县万佛山石窟[33]

孟县万佛山石窟,东南距北魏洛阳故城约40公里。现存较完整的北朝洞窟只莲花洞一处。该窟"坐北向南,内部正面及两旁有1米高石像,左上角雕飞天(按飞天之下原应有文殊),右上角雕维摩像,洞口两边有二力士"。维摩文殊布置于正壁主像两侧,在龙门见于慈香洞。小龛中如此布置维摩文殊的,以古阳洞北壁上层魏灵藏造释迦龛为最早,该龛年代约当太和末景明初期。又孟县莲花洞维摩胡装、文殊上部设伞盖和众多天人降临的景象(插图七)亦多见于龙门孝明前期及其以前所雕造的窟壁和龛侧中。

六、 孟津谢庄石窟[34]

孟津谢庄石窟开凿于谢庄东南峭壁上,前临小溪,该地东南距北魏洛阳故城约25公里。现存敞口梯形小型殿堂窟一座。正壁和北壁各置一佛二菩萨,南左壁像已毁。其年代据调查者推测早于龙门宾阳中洞。

七、 嵩县铺沟石窟[35]

嵩县铺沟石窟位于铺沟村南小丘上,前临伊水,其地东北距北魏洛阳故城约60公里,现存中型殿堂窟一座,已残毁,仅东壁存交脚弥勒一躯;小型殿堂窟五座,窟底皆方形,穹隆顶雕莲花周绕飞天,正壁皆为一佛二弟子二菩萨,左右壁或刻千佛,或刻小龛,有的雕有维摩文殊,有的雕涅槃像。调查者认为本尊形体修长,衣褶稠密,与龙门正光孝昌间窟龛近似。

八、 宜阳虎头寺石窟[36]

宜阳虎头寺石窟,傍虎伏山崖开凿,北眺洛河,其地东北距北魏洛阳故城约40公里。现存北朝小型方形穹隆顶殿堂窟一座。雕像已崩圮,但正壁作一佛二弟子二菩萨的布局,尚依稀可辨。调查者以为其风格与时代和嵩县铺沟石窟接近,也是受龙门影响较重的一处石窟。

综上洛阳地区除龙门外已知的八处石窟的情况,可以看到:

㉜ 参看温玉成:《河南新安县西沃石窟》,刊《考古》1986年2期第132~134、172页。

㉝ 参看李德宝:《孟县小型水库及石窟调查》,刊《文物参考资料》1957年1期第82页。

㉞ 参看张士恒:《谢庄石窟》,刊《文物报》1986年10月17日第3版。

㉟ 参看吕品:《铺沟石窟》,刊《河南省文物志选稿》第二辑第114页、李文生:《铺沟石窟调查记》,未刊。

㊱ 参看吕品:《虎头寺石窟》,刊《河南省文物志选稿》第二辑第110~111页、李文生:《虎头寺石窟调查记》,未刊。

第一、在时间范围内没有超出龙门，即没有比龙门更早的洞窟，甚至没有可以肯定的宣武时期开凿的洞窟，也就是绝大部分洞窟都出现在胡太后执政期间。

第二、在内容布局和造像风格上，小型洞窟一般没有超出龙门的规范，而大中型洞窟却出现了与龙门较大的差异。

以上两种情况，应是进一步全面探讨洛阳地区北朝洞窟特征与渊源的重要迹象。

（三）　洛阳地区北朝石窟特征及窟龛造像演变

洛阳地区龙门以外北朝洞窟在开凿时间上，都没有超出龙门范围。现依据前述龙门的四个阶段，试行讨论包括龙门在内的洛阳地区北朝洞窟的主要特征。

孝文宣武阶段　洞窟开凿集中在龙门，皆大型殿堂窟。形制有就天然溶洞修凿的敞口纵长方形窟、摹自云冈的椭圆形窟和后壁（即正壁）椭圆形中前部作方形的洞窟三种。三种洞窟的主像皆释迦（包括三世佛），但最早的龛像则多弥勒：造像肩宽颐广，云冈太和时期尚属健壮的形象犹可仿佛。主要造像渐从古阳洞的一佛二菩萨之三尊式发展到宾阳中洞的一佛二弟子二菩萨的五尊式，莲花洞在立佛与菩萨之间浮雕弟子像应是过渡形式①。主像背光繁缛，菩萨出现穗状璎珞装饰，壁面出现多层长卷式浮雕②。龛像浅露，雕饰精致。供养人尚有着窄袖长袄者，如古阳洞太和十九年（公元495年）丘穆陵亮夫人尉迟龛（插图八）。

胡太后执政阶段即孝明时期　此阶段似可以胡太后被幽为界分前后两期。前期从延昌四年（公元515年）七月，迄正光元年（公元520年）七月。后期从正光元年七月以后迄武泰元年（公元528年）四月的河阴之变。

前期龙门开窟不多，但出现了三种新形制的方形殿堂窟，即三壁三龛式方形窟、三壁起坛式的方形窟和正壁建坛式的横方形窟。这三种新形制洞窟的内部布局，大约都是摹仿地面上兴建的寺院中的佛殿。古阳洞南北壁后部雕出斗拱的屋形龛也多出现于此时。巩县开凿了中心柱窟（塔庙窟），窟中佛塔作方柱形式；方柱每面的龛饰雕作宝帐帷幕；窟顶雕出方格装饰等都应是摹拟佛寺木构塔的中心柱和平棊的作法。这时龙门魏字、普泰、慈香、弥勒等洞的造像比上一阶段明显瘦秀，巩县造像较龙门尤为雅静，值得注意的是两地弥勒菩萨出现了新的相同的坐姿；在造像组合方面，本尊为交脚弥勒的弥勒洞，南北壁前各雕一立佛和魏字洞左右龛皆雕弥勒③以及巩县第一窟列龛中出现维摩文殊龛、诸比丘龛④等，皆为前所未见；适应政治形势出现的另一种新的布局——水泉窟中的二佛并立⑤；慈香洞正壁上方浮雕较复杂的维摩文殊辩论场面⑥和许多龛面流行较繁缛的装饰等，都应是寺院殿堂壁画和雕饰的摹拟。

后期是开凿中小型洞窟和小龛的最盛期。围绕洛阳许多地点都出现了窟

八　龙门古阳洞丘穆陵亮夫人尉迟龛右侧供养人像

① 龙门佛与菩萨之间出现弟子像，以古阳洞北壁上层杨大眼造释迦龛（景明初）和同窟正壁左侧正始二年（公元505年）钩楯令王史平吴共合曹人造弥勒龛为最早。但明确雕出一老一少二弟子的形象，以古阳洞南壁正始四年（公元507年）安定王元燮造释迦龛为最早。

② 古阳洞胁侍菩萨已饰穗状璎珞，而壁面出现多层长卷式浮雕则见于宾阳中洞前壁。

③ 古阳北壁上层内侧四注顶屋形龛，雕出面阔三间的殿堂，中心间雕释迦坐像，两侧间皆雕一交脚弥勒。此种布局似为魏字洞的前驱。该龛年代略早于魏字洞。

④ 此龛题材待考，参看《中国石窟·巩县石窟寺》图版61～63。

⑤ 胡太后执政时，臣下多称孝明与太后为"二帝"或"二圣"。如《魏书·张彝传》记神龟二年（公元519年）"彝临终，□古左右上启曰……不负二帝于地下……伏愿二圣加御珍膳……"，又如《魏书·高崇传附子谦之传》记"孝昌初（公元525年）……谦之乃上疏曰……今二圣远遵尧舜，宪章高祖……"。

⑥ 龙门小龛内壁上方雕维摩文殊以古阳洞魏灵藏龛为最早，见本文（二）巩县石佛山石窟。又古阳洞南壁上层还有刻维摩文殊于佛像两侧壁的小龛，其时代亦约当景明初期。

235

龛,洛阳以西也开凿了中心柱窟。此期窟龛尽管在形制上变化不大,但新的佛像形式和组合却不断出现,如鸿庆寺第一窟西壁出现了倚坐佛像,龙门皇甫公石窟正壁出现了一佛二弟子二菩萨二思惟菩萨的七尊像和北壁龛释迦多宝、南壁龛弥勒的布局,更为突出的是窟龛摹仿寺院殿堂的情况日益发展:窟口尖拱券面的雕饰,在龙门有的被具有鸱吻瓦垄的屋檐所代替,如皇甫公石窟和唐字洞;巩县第五窟和鸿庆寺第二、四、五窟的盝顶式窟顶,应是仿自殿堂中的佛龛;鸿庆寺第一窟壁面上部和中心柱上部浮雕整幅佛传故事亦应是来源于殿堂中大幅壁画或塑壁。

孝昌以后的北魏末期,即河阴之变以后迄公元534年北魏分裂以前的阶段。这阶段洛阳地区开凿窟龛已进入尾声,其发展特点仍沿上一阶段的趋势,龙门路洞和新安西沃第二窟正壁的七尊像,又各有不同的内容:前者是一佛四弟子二菩萨;后者是一佛二弟子四菩萨。路洞寺院殿堂化的表现,除正壁雕饰帷幕大龛外,南北两侧壁上层列龛皆浮雕出歇山顶殿堂形式,并雕有陛阶和栏楯;南壁最内一座龛内雕出的降魔变,布满了该龛的全部壁面,所占面积的比例,大大超过了上一阶段鸿庆寺第一窟的佛传故事。

东西魏、北齐周阶段 这时期洛阳地区已一片寥廓,佛教工程随北魏的分裂而分散东西,主要迁向东魏北齐领域,所以洛阳地区北朝洞窟的某些特点,继续出现在河北邯郸响堂山石窟和山西太原天龙山石窟,并有所发展。甘肃天水麦积山和宁夏固原须弥山一部分洞窟出现接近洛阳地区洞窟的一些情况,可能比响堂、天龙为复杂。这些问题已超出本文范围,容待另文讨论。

城郭兴建佛寺主要使用木构塑造,崖际开凿窟龛全部出自雕刻,这是北魏平城旧都的传统作法 [7]。迁都后,为洛阳所承袭。这两种不同工艺,当然可以相互影响,但在洛阳,特别在胡太后执政阶段,皇室显贵建寺远盛于开窟,京邑内外"招提栉比,宝塔骈罗,争写天上之姿,竞模山中之影,金刹与灵台比高,广殿共阿房等壮,岂直木衣绨绣土被朱紫而已哉"(《洛阳伽蓝记序》)。神龟元年(公元578年)冬,司空公尚书令任城王元澄奏曰:"今之僧寺无处不有,或比满城邑之中,或连溢屠沽之肆","河阴之酷,朝士死者其家多舍居宅,以施僧尼,京邑第舍,略为寺矣"(《魏书·释老志》)。在这种情况下,洛阳地区窟龛雕造受到寺院建筑的影响更大,成为胡太后执政阶段以来的主要特点。地上寺院影响窟龛的雕造,一方面固然可以从窟龛本身推察,另一方面近年的考古发现也不断提供依据。

1979年春,中国社会科学院考古研究所洛阳工作队对熙平中(公元516～517年)胡太后在洛阳城内兴建的永宁寺塔的遗址进行了揭露 [8]。遗址情况据《发掘简报》所记:

> "塔基位于寺院中心,现今尚存一高地面5米许的土台。基座呈方形,有上下两层,皆为夯土板筑而成……在下层夯土基座的中心部位,筑有上层夯土台基,并在台基四面用青石垒砌包边,这即是建于当时地面上的木塔的基座,高2.2米,长宽约为38.2米……在塔基上发现了一百二十四个方形柱础,分做五圈排列"。"在第五圈的檐柱之间发现有残墙基。墙体厚1.1米,残高20～30厘米,内壁彩绘,外壁涂饰红色。"

⑦ 山西大同方山文明太后永固陵前和大同西门外御河东岸,近年多出佛、菩萨残塑像,知北魏平城寺院多树泥塑。又内蒙古白灵淖北魏怀朔镇城址东北隅寺院遗址亦多出佛、菩萨残塑,可见北魏地面佛寺用塑像,为当时流行的作法。后一例见内蒙古文物工作队:《内蒙古白灵淖城圐圙北魏古城遗址调查与试掘》,刊《考古》1984年2期第145～152页。

⑧ 《北魏永宁寺塔基发掘简报》,刊《考古》1981年3期第223～224,212页,图版7～8。

九　洛阳永宁寺塔基遗址

"第四圈木柱以内,筑有一座土坯垒砌的方形实心体,长宽均为20米,残高3.6米……在土坯包砌的方形实心体的南、东、西三面壁上,各保存着五座弧形的壁龛遗迹。这种壁龛的设置在两柱之间,宽1.8米,进深20～30厘米,是用土坯垒砌出来的。联系遗址中出土大量泥塑佛像,参考石窟艺术中的塔柱雕刻,可以判断这些壁龛应是供奉佛像的位置。"

"在塔基中心尚存一方形竖穴坑,坑约1.7米见方,坑深挖至5米余未发现遗存。方坑四壁整齐,坑壁皆系夯土。"

参照《简报》所附的发掘后塔基遗址的图版(插图九),似可进一步认为:

(1)第五圈(即最外圈)柱间残墙内壁彩绘,应是木塔内的外匝礼拜回廊壁上的壁画残迹;

(2)第四圈柱以内,围砌的方形实心体(?)的南、东、西三壁上的壁龛,应如简报所记是佛龛的遗迹;

(3)第四圈和第三圈柱之间,应为木塔内的内匝礼拜回廊遗迹;

(4)第二圈柱的范围,似乎有用土坯(?)绕砌的方形实心体。这个方形实心体应是木塔内中心柱的遗迹;

(5)第一圈(即最内圈)柱内的中心部分,即简报所记的塔基中心尚存一约1.7米见方的竖穴,应是《洛阳伽蓝记》卷一所记:"永熙三年(公元534年)二月,(永宁寺)浮图为火所烧…… 火经三月不灭,有火入地刹柱,周年犹有烟气"的树立刹柱的所在。

孝文迁洛,"都城制云,城内唯拟一永宁寺地"(《魏书·释老志》),故置永宁寺于宫城正门前御道西侧。因此,该寺实际是北魏国寺,所以建成之后影响甚大,据《洛阳伽蓝记》记载,当时洛阳佛寺建塔之风盛极一时,胡太后本人除兴建永宁寺塔外,还在洛阳城内胡统寺、城东秦太上君寺、城南秦太公西寺、景明寺、城西冲觉寺各建浮图,朝中显贵如太后妹皇姨、清河王元怿、宠阉刘腾等也都争建佛塔于都邑;与此同时,洛阳地区也出现了一批中心柱窟,其中巩县第一窟、鸿庆寺等一窟布局与永宁寺塔基的中心部分即上述(2)、(3)、(4)三项情况非常接近,显然都不是偶然的巧合,可能都是摹拟永宁寺。

永宁寺塔基还发现了大量泥塑像,据简报记录。

"出土了大量的与佛教艺术有关的泥塑像……大型泥塑像没有发现完整者,只出土几件等身大小的菩萨的残段,也发现一些手、脚与发髻等大型塑像的附属部件。小型泥塑像出土三百多件,多为贴靠在壁上的影塑……头像一般长7厘米……身像一般高约15厘米……部分身像如背部,在制作成型后,被削切成一个平面,以便粘贴在墙壁上。大部分塑像饰有彩绘,颜色多已剥落……遗址中出土的北魏时期的泥塑像,造型精致,形态秀丽,要比同时期的石窟造像更精美、更细腻、更生动"。

此外,残存一大批不同样式的起伏曲折的衣纹残块,更清楚地表现出比窟龛造像的衣纹雕刻流畅有致(插图一〇)。以上情况,都明显反映了这样一个事

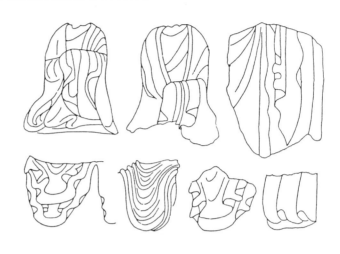

一〇　洛阳永宁寺塔基遗址出土塑像

实:同类形象窟龛的雕刻是寺院塑造的摹拟。永宁寺塔塑像的时代,据《魏书·崔光传》:"(神龟)二年(公元519年)八月,灵太后幸永宁寺,躬登九层佛图。光表谏曰……今虽容像未建,已为神明之宅",可知在神龟二年八月之后。

和上述泥塑风格相同的陶俑,也发现在洛阳地区自胡太后执政以来的北魏晚期墓葬中。其中年代和出土地点明确的有武泰元年(公元528年)常山王元邵墓所出陶俑[9],这批世俗形象与各窟龛的供养人造型有惊人的相似处。[10]

可与洛阳地区北魏雕塑相比较的最重要的资料,是当时南朝的遗物。有关的南朝遗物首先当推近年河南邓县、湖北襄樊(汉水中游地区)和江苏南京、丹阳(长江下游地区)发现的齐梁时期的画像砖墓。邓县、襄樊画像砖的画面是单砖凹模印出的[11],南京、丹阳画像砖是组砖线刻模印后拼砌出完整形象的[12]。这些画像砖墓中也出有陶俑。画像砖中的人物和陶俑,无论服饰、造型以及艺术风格,都与上述洛阳地区北魏遗物相似,画像砖中的天人、狮子以及装饰花纹的特征,也都和洛阳地区窟龛的同类形象相近,甚至某些细部的演变也极为一致,如狮子从蹲踞变为举爪,莲花平瓣向宝装发展,挺直的叉手发展出曲线,水泉翼形龛面的翼形式样与丹阳齐武帝萧颐景安陵前天禄的双翼的式样相同,而和梁陈诸陵墓石雕的双翼样式有别[13]等等。

南朝的另一重要地点是长江上游的四川地区。四川成都万佛寺曾多次发现宋、梁佛教石刻,茂汶也曾发现肖齐造像。这些石刻在内容、组合方面虽与洛阳地区窟龛不尽相同,但造像服饰的变化,衣纹从繁缛向简练发展,造型由浑朴趋向秀雅,以及组像布局多变化等,都与洛阳地区情况类似[14]。

通过与南朝遗物的对比,可以清晰的看到:包括佛教形象在内的洛阳北朝时期的造型艺术受到南朝的深刻影响是无庸置疑的。其实,孝文迁洛即已

⑨ 参看洛阳博物馆:《洛阳北魏元邵墓》,刊《考古》1973年4期,第218～224,243页。

⑩ 本世纪20～30年代,洛阳盗墓猖獗,大批北魏墓葬所出陶俑流出国外,其中有年代可考者如加拿大多伦多安大略博物馆所藏孝昌元年(公元525年)中山王元熙墓陶俑,其造型与元邵墓陶俑相似,参看原田淑人《汉六朝の服饰》1937年,图版四八。

⑪ 参看河南省文化局文物工作队:《邓县彩色画像砖墓》文物出版社,1958年版.襄阳市文物管理处:《襄阳贾家冲画像砖墓》,刊《江汉考古》1986年1期第16～33页。

⑫ 参看南京博物院:《南京西善桥南朝墓及其砖刻壁画》,刊《文物》1960年8、9合期第37～42页;《江苏丹阳胡桥南朝大墓及砖刻壁画》,刊《文物》1974年2期第44～56页;《江苏丹阳胡桥建山两座南朝墓葬》,刊《文物》1980年2期第24～30页;《南京尧化门南朝梁墓发掘简报》,刊《文物》1981年12期第14～23页和罗宗真《南京西善桥油坊村南朝大墓的发掘》,刊《考古》1963年6期第290～300页;常州市博物馆:《常州南郊戚家村画像砖墓》,刊《文物》1979年3期第32～41页。

⑬ 参看姚迁:《六朝艺术》,文物出版社1981年版,图版17、47、80、113.

⑭ 参看《成都万佛寺石刻艺术》,中国古典艺术出版社1958年版,图版1～7,10,13附图1～2。

决定进一步汉化之大略,举凡都城设计、舆服制度无不参考南朝[15],中原人士一直到北朝晚期仍视江东为衣冠礼仪之所在[16],洛阳窟龛造像变化的重要因素来源于南朝,只不过是当时诸事中之一端耳。

[15] 参看陈寅恪:《隋唐制度渊源略论稿》,1982年,第4～15,42～47,54～61,64页。

[16]《北齐书·杜弼传》记高欢事最为典型:"弼以文武在位罕有廉洁,言之于高祖。高祖曰:弼来,我语尔:天下浊乱,习俗已久,今督将家属多在关西,黑獭常相招诱,人情去留未定;江东复有一吴儿老翁肖衍者,专事衣冠礼乐,中原士大夫望之,以为正朔所在。我若急作法网,不相饶借,恐督将尽投黑獭,士子悉奔肖衍,则人物流散,何以为国。"此种心情,僧人亦不例外,《续高僧传》卷五《释法贞传》记法贞事即是一例:"(法贞)住魏洛下之居广法寺,为沙门道记弟子……与僧建齐名……魏清河王元怿、汝南王元悦并折腰顶礼,谘奉戒律。会魏德衰陵……贞谓建曰:大梁正朝礼义之国……相与去乎。"

龙门皇甫公窟

马世**

龙门石窟中的北魏诸窟，以古阳洞和宾阳洞最为著名。这不仅因为是**室或显贵营建，而且由于它规模宏伟、雕刻精美，堪称是太和迄正光年间第**阶段北魏洞窟的典型代表①。正光至孝昌间的第二阶段北魏诸窟龛中，则**皇甫公窟(旧称石窟寺)为代表。它是经统一规划、一次完工、保存较完好并**明确纪年的洞窟。可是在前人的著录中虽多有涉及，但语焉不详，读者无法**知全貌。1984年秋，北京大学考古系学生在龙门文物保管所的支持和协助下**进行测绘实习，对该窟的现状和内容作了较为详细的记录②。在该窟考古**告出版以前，趁本卷编纂之便，我们在测绘、记录的基础上作了整理，首次**露有关材料，以供读者研究参考。

皇甫公窟位于龙门西山南端。洞窟凿在山崖的中部，下距山脚地面12.5米，属古阳洞区。北侧上方是火烧洞，两窟之间现有通道相连，相距为8米。北侧下方是古阳洞和药方洞，今亦有梯道相通。其南侧下方，重要的洞有路洞。

皇甫公窟的南、北两侧和洞窟下方，分布有十四个规模较小的窟龛，布无规律，绝大多数是唐代的窟龛。

从洞窟现状可以推知，此窟没有前室，是个主室平面近于方形的穹窿单室窟。窟门朝东，面向伊水，方向为北偏东55°。

窟外立面，正中为长方形窟门。窟门上方有尖拱形门楣。门楣之上，凿仿木结构的屋顶雕饰。窟门两侧有二门柱，柱外侧各雕一力士。窟门南侧，有一通造窟石碑。

主室地面近于方形，窟门至正壁之间，有一条通行的走道，走道南北两地面，浮雕莲花。地面上的莲花纹饰，保存较好。

主室四壁与窟顶连接处，作圆弧状转折，窟顶呈穹窿形。顶部正中高浮一圆形莲花，环绕莲花四周，雕出六身伎乐飞天。

主室正壁(西壁)有一横贯南北两壁的高坛。高坛前南北两侧各雕一狮。高坛上正中主尊为一坐佛，二侧为二弟子、四菩萨。南北两壁中部各凿龛，两龛左右相对。北壁龛内为二坐佛，坐佛之间雕二弟子，两侧为二菩萨。壁龛内主尊为一坐菩萨，两侧为二弟子和二菩萨。前壁窟门两侧各凿一龛，内为一立佛和二菩萨。

主室四壁龛外的壁面上，浮雕千佛、菩萨、罗汉、供养人像等。此外，在窟外，尚有十多个后代补凿的小龛。

综观全窟，布局完整。除个别晚期小龛外，窟内外遗存皆为孝昌年间开时期完成的遗迹。现分别叙述如下。

一　外壁立面

① 参见本卷宿白：《洛阳地区北朝石窟的初步考察》。

② 参加测绘的有：北京大学考古系82级同学卓军、王立群、安都，龙门文物保管所的贺志军、曹社松。

一　皇甫公窟窟门门楣

窟外壁的立面可分为:窟门和门楣、仿木构屋顶雕饰、力士造像和造窟碑、门道几部分。

1. 窟门和门楣

窟门开在主室东壁,立面作长方形,顶部微有起拱,高2.56米。横宽1.75～1.89米,上部略窄。窟门南北两侧,雕出二门柱。北侧门柱大部残去,南侧门柱保存稍好。门柱作束莲形,南侧者残高1.66米。门柱顶端和下部宽,中间窄,作束腰状。腰部束一环形带,带下雕出五瓣覆莲。束腰以上为仰莲,顶部托一板状物,其上承托门楣。

门楣作尖拱形,中部向上凸起,如莲瓣状。通宽2.64米,中部高0.95米。门楣用浮雕方法雕出,高出壁面3～5厘米。门楣下有一拱梁承托,梁高10～13厘米。拱梁尾部向两侧翘起,各雕饰一龙头。

门楣内浮雕七身坐佛,中间一身稍大,高60厘米;其余六身略小,高40～50厘米。坐佛均作结跏趺坐,南起一至三身和第六身,覆莲座尚存。佛著通肩袈裟和双领下垂式袈裟。其中四身作说法状,另三身作禅定状。坐佛面部为长圆形,身躯修长、清瘦。坐佛背后有舟形背光。高38～65厘米。坐佛之间空隙处,雕饰以莲花、荷叶。

门楣拱梁两端之龙头。南侧者大体完好,北侧者已残去。南侧龙头作回首盼顾状,两前足立于门柱顶端的板状物上。昂起的龙嘴中,衔一忍冬叶。

门楣南北两侧上方,各雕一身伎乐飞天。飞天左右相对,头部皆转向外侧,各持一乐器作演奏状。南侧伎乐,高约78厘米。双手抱持四弦曲颈琵琶。左手握颈按弦,右手持拨弹奏。伎乐头部和双腿弓向身后,帔巾、裙带、裙摆飘向后方,极有动感。北侧伎乐,姿态同于南侧,双手握横笛,作吹奏状。此一伎乐的南侧,雕一化生童子,头作双髻,帔巾飞扬,坐于仰莲之中。空隙处,装饰忍冬、云气等纹饰(插图一)。

2. 力士和造窟碑

窟门门柱两侧,各雕一力士像。南侧力士全身皆残,仅存身躯外轮廓残迹,高约2.04米。头后有椭圆形项光,上方有飘起的宝缯残痕。北侧力士保存稍好,唯上身残蚀较甚,残高1.65米。力士上身袒裸,下身著裙,腰间束带。左腿向左侧跨出。左肩处有一圆形饰物,搭于左肩的帔巾上,成尖角向上翘起。二力士均为高浮雕,躯体高出壁面约15～20厘米。

造窟碑凿在南侧力士的外侧。此碑就崖壁凿出,凸出崖壁的厚度不一,南侧为15～17厘米,北侧15～40厘米。碑呈长方形,高约2.53米,宽约0.87米。碑首处雕出两条交缠的蟠龙,龙头朝向碑首两侧。碑首中部的圭形部分,镌刻篆书:"太尉公皇甫公石窟碑"九个大字。

碑体正面镌刻碑文31行,行58字,末行字数略少,不足30字。碑文字体工整,近于楷书。碑面风化开裂日久,刻字多已漫漶不清。先贤记此碑者,均不录全文。迄今不可辨识者愈多。因碑文残失过甚,故不迻录。碑文末书为:

"大魏孝昌三年岁次丁未九月十九日□□□□□窟□□□□洽四方。"③

碑体北侧中部,刻碑文五行,字体也是楷书。虽有剥蚀,大致可连读。其文曰:

使持节安西将军□□刺史□支尚书汝南袁

飆 景翔文

长乐公国中尉汝南王□□大夫太原王实神

□ 猋(?)□□□□□□□□□□□□□□□□

将作军主南阳张文造(?)石□□□□□□□□

3. 仿木构屋顶

门楣上方雕出仿木构建筑形式的屋顶。屋顶两侧略残,具体形式难以判定。

屋顶部分约占窟外立面三分之一,宽约5.1米,高2.55米。整个屋顶坐落在门楣上方的横枋之上。横枋高15～19厘米,残宽3.92米。枋上承托檐椽,残存13根。其断面作半圆形,与壁面垂直。檐椽向前伸出约在40厘米以上,大部分已残断。檐椽与屋顶前坡之间,有43厘米的距离,无任何遗迹,原来似未雕饰。屋顶前坡雕出圆筒状瓦垄,残存17根,其前部多残。残长33～105厘米不等。瓦垄宽10～13厘米,高10～11厘米。屋顶正脊横宽4.02米,高0.18米。屋脊两端雕有高大的鸱吻,高88～100厘米,凸出壁面约20厘米。屋脊中部,雕一金翅鸟,作正面站立状,两翅开张,宽1.36米,残高1.13米。金翅鸟两侧的屋脊上各置一宝珠,作半圆形,高53厘米,宽44厘米。

4. 门道

入口通道高2.56米,门顶宽1.75米,底宽1.89米。门道进深为65厘米。门道顶作平顶,底部略有残损。门道地面凿成三级台阶,每级高约8厘米。台阶地面残损严重,凹凸不平。门道地面高于主室地面约30厘米。

门道南北两侧壁中部,各凿出垂直于门道地面的凹槽一条。北壁凹槽宽16厘米,深5厘米。凹槽顶部已残,残高1.86米。凹槽中部有一方形凹孔,高9厘米,宽10厘米,深7厘米。南壁凹槽宽16厘米,深4厘米,高1.92米。凹槽顶部有

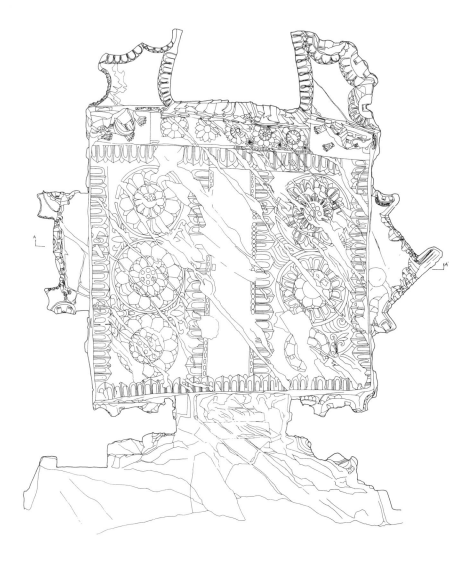

二 皇甫公窟平面图

一方形凹孔,高11厘米,宽10厘米。从凹槽在门道南北壁的位置推测,该处似是安置木门框的遗迹。

二 主室地面和窟顶雕饰

主室地面和窟顶,均有浮雕纹饰和人物。

1. 地面

作边长不等的长方形,东侧长4.8米,西侧长4.72米;北侧长3.72米,南侧长4.20米。地面西端靠近高坛处,高出地面10厘米,形成一条长条形的低坛,进深0.5米,横宽2.74米。低坛南北两侧各有狮子座。

地面上浮雕莲花图案。沿地面四周雕出覆视莲瓣一匝,每边莲瓣为12～17,数目不等。莲瓣长25～32厘米,宽18～32厘米,形状大小不一。莲瓣为浅浮雕,刻线凹入地面0.5～1厘米。

从窟门到正壁高坛之间,有一长条形通道,通道将地面分隔成南北两部分。通道宽63～72厘米,长约3.40米。通道地面未雕纹饰,两侧加饰圆环纹带一条。圆环作椭圆形,宽不足10厘米。圆环纹带外侧各有覆视莲瓣一条,莲瓣个体略大,长30～35厘米,宽22～32厘米。

通道南北两侧,各雕三朵莲花。北侧莲花两大一小,大莲花直径125～130厘米。中间为圆形莲蓬,莲蓬中心刻出莲子。莲蓬四周有两层覆视莲瓣,最外层是一圆环。小莲花刻在东部,直径仅78.5厘米。莲瓣短而宽。南侧莲花亦为两大一小,大者直径117～123厘米。小莲花直径为105厘米。莲花结构同于北侧,唯莲瓣多作单瓣,而北侧莲花作重瓣。后者花瓣丰满,且有立体感。在莲花之间的空隙处,刻出瘦长的忍冬纹。在局部地面上还可看到涡状水纹。

低坛面上,亦雕刻莲花。莲花内外两层莲瓣,中间是圆形莲蓬。莲花直径48～50厘米。莲花之间刻有水涡纹。低坛边缘有圆珠纹带,与东侧的地面纹饰隔开。

地面与低坛上的莲花纹饰,因地面开裂、磨蚀,残损较甚,尤以东北角处最为严重。

低坛的南北两侧狮子座上,各雕一身近于圆雕的石狮。狮座高5厘米,南北长1米,东西宽0.5米。二狮南北相对,皆作后腿卧于地、前腿蹲踞状。狮子头部已残,臀部分别与南北两侧壁和高坛连接。二狮均挺胸、昂首,胸部浑圆,颈部鬃毛丰满,呈波状向后卷曲。狮子尾部分别刻在南、北侧壁上。狮身表面尚存纹饰残迹。二狮残高78厘米,前后长0.96～1米(插图二)。

2. 窟顶

窟顶与四壁连接处无明显分界线,均呈弧形,窟顶作不规则的穹窿形。窟顶中央雕出一朵大莲花。正壁主尊佛像的背光,向上延伸直至窟顶与莲相接。在莲花的四周,浮雕八身伎乐。

窟顶莲花,作圆形。直径约2.4米,占据窟顶大部壁面。莲花为高浮雕,高出窟顶壁面25厘米。莲花大部分已残失。残存遗迹表明,莲花中央为圆形莲蓬,四周是两层莲瓣,内层莲瓣较小,外层莲瓣略大。莲花的四周边缘,刻出顺向排列的单叶忍冬纹一匝。

伎乐飞天,从窟顶东端分为南北两列,每列四身,皆面向正壁主像。伎乐高约60～80厘米,头长25～30厘米。上身袒裸,腹部前鼓,双腿折向身后。下身著长裙,腰部系一长带。帔巾绕过双肩飘向后方。腰带、裙摆自双腿间向后扬起。伎乐各持一乐器,或吹、或弹奏、或敲击,皆作演奏状。所持乐器有琵琶、横笛、笙、排箫等。部分伎乐残损,形象和所持乐器不可辨识。每身伎乐的前方或下方,刻出云纹,空隙处间有莲花或忍冬纹衬托。

三 主室四壁造像和浮雕

(甲) 正壁

正壁(即西壁)前的高坛,距地面高1米。高坛平面外口宽5.27米,中部进深1.3米。高坛中央以主尊坐佛为中心,左右两侧配置二弟子和二菩萨像。高坛内的南北侧壁上各雕一身半结跏菩萨像。高坛内部形成一个通壁大龛,龛口宽与洞窟宽相等(插图三)。

三　皇甫公窟正壁

1.　主尊坐佛像

主尊坐于高坛中央的方形莲座上，莲座前宽2.47米，后宽2.43米，进深1.1～1.25米。座略高出高坛平面约10厘米。莲座两侧以覆莲瓣为饰。

主尊佛像头部残失，身躯作结跏趺坐状，右足外露，足掌向上。右臂平举，手掌上扬，掌心向外；左手掌心向外，手指向下。像高3.18米。头残迹高0.94米。饶有趣味的是，工匠在雕造此像时，竟将坐佛的左手镌成六指。

坐佛著褒衣博带袈裟，内著僧祇支。胸前束带打一小结，然后下垂搭于胸前袈裟边缘上。袈裟宽博，下摆褶纹重叠多达三层，垂覆于高坛前部。衣纹疏朗，断面作直平阶梯式。

坐佛身后的项光和背光，在正壁上用浅浮雕方法雕出。项光为圆形，直径2.1米，由三层纹饰组成。内层是直径87厘米的莲花；中层素面刻出四条环纹；外层是忍冬纹饰，宽23厘米。忍冬纹带由波状蔓茎和翻卷的瘦型忍冬构成。中部上方，有一摩尼宝珠。背光亦由三层纹饰组成。内层同于项光中层；中层是由跪于莲座上的供养菩萨、莲花、莲叶、莲蓬、忍冬纹等组成的装饰纹样；外层为火焰纹，两侧宽45～55厘米。项光上方宽80厘米。火焰纹的顶端呈尖角形，直至窟顶。

2.　弟子立像

主尊坐佛的两侧，在正壁上雕出二身弟子立像，像为高浮雕。弟子像头部皆残，头后有圆形项光。南侧者高1.14米，北侧者高1.35米。二弟子像皆著褒衣博带式袈裟，内著僧祇支，双手合十置胸前。跣足，立于半圆形覆莲座上。二弟子像袈裟的披覆形式稍有不同。南侧者，袈裟绕过腹前搭于左臂上。北侧者，袈裟绕过两臂于腹前作圆弧状，垂于两腿间，然后成八字形覆盖体前。衣纹断面亦为直平阶梯式。

四　正壁南侧半跏菩萨像

3. 菩萨立像

弟子像外侧各有一身菩萨立像,分别位于高坛的西北角和西南角处。二菩萨像头均残,头后有桃形项光。跣足,立于半圆莲座上。上身袒裸,下身著长裙,腰部束带打一小结。帔巾自双肩下垂,交于腹前,垂至膝部又折向上方,并分别搭于左右臂,然后垂至体侧。南侧菩萨帔巾于腹前交叉并穿一璧。帔巾搭于双肩处,形成外翘的尖角形。头部两侧有圆形饰物。北侧菩萨宝缯于头侧飘起,然后成直角下垂。左手下垂,手握一桃形物;右手举于胸前,似握一莲蕾。身高1.9米。南侧菩萨右手残,左手垂于体侧。身高1.8米。

4. 半结跏菩萨坐像

半结跏菩萨像两身,分别雕在高坛内南北两侧壁上。服饰同于菩萨立像。唯帔巾不作腹前交叉状。南侧者,高1.47米,坐于高座上。左腿下垂,足踏半圆形莲座,右腿横于左膝上;左手前伸,置在右腿上,右手残去。此像宝缯于头侧垂至肩部。北侧者,高1.6米。坐姿同于南侧菩萨,但此像垂右腿,左腿置于右腿上,左手上举,右手按于左腿上。此像宝缯向头两侧翘起,再成直角下垂。

在半结跏菩萨坐像的内侧壁面上,各浮雕一株菩提树。树干弯曲,树叶呈扇形展开。树高2.5~2.8米。树叶彼此重叠,相互遮掩。菩提树雕在半结跏菩萨近旁,似是表现菩萨正在树下进行思维(插图四)。

5. 浮雕罗汉像

主尊坐佛像背光的两侧、菩提树上方的壁面,分别浮雕一组罗汉像。南侧两列五身,北侧两列六身。罗汉皆著双领下垂式袈裟,双手合十置于胸前。两组罗汉像皆面向主尊坐佛,作专心听法状。北壁罗汉像后,加雕一身化生,帔巾飞扬,捧持一宝珠(插图五)。

(乙) 北壁

北壁是指地面北侧向上的壁面。它的西端部分延伸到正壁高坛以内,成为正壁高坛内的组成部分,其内容已见前述。这两部分壁面之间没有明显分界线。北壁的上部向窟内成弧状升起与窟顶连接,与窟顶之间亦无明显界限。北壁内容大体以龛楣以下部分为限。

北壁中部凿一圆拱形大龛,龛内雕一组造像。龛楣两侧为千佛,龛外两侧为二身供养菩萨,龛下是供养人行列即礼佛图。

1. 大龛形制和龛内造像

大龛位于北壁中部,龛口立面作圆拱形,宽2.28米,高1.64米。龛底面平整,最大进深1.26米,龛平面下距地面86厘米。龛内左右壁及后壁皆呈圆弧形。龛外两侧有龛柱,已残,柱下莲花柱础尚存。龛上方有一尖拱形龛楣。龛楣下有龛梁,已残。龛梁尾装饰龙头,大部残去。龛楣上浮雕七身坐佛。坐佛皆为结跏跌坐,坐于覆莲座上,均作正面相禅定状。坐佛著双领下垂式袈裟,头上

五　正壁西北隅上部弟子像

方有一宝盖。佛两侧有二夹侍菩萨,双手合十立于莲座上。菩萨的帔巾皆于腹前交叉。由于龛楣部分被水溶蚀,佛和菩萨像多已模糊不清。

龛内造像一组六身,主尊为二坐佛,另有二弟子和二菩萨像。弟子雕在二佛之间,菩萨立于二佛两侧。二坐佛均坐在方形座上,二座分别朝向东南和西南,故二坐佛成侧身相对状。

西侧坐佛,头部残失,残高98厘米。作结跏趺坐,右腿叠置于左腿上,右足外露。著双领下垂式袈裟,内著僧祇支,胸前系带打一小结。袈裟下摆垂于座前和龛内地面上。佛的右手和左小臂均残。右手残断面上有一圆形凹孔。坐佛的背光和项光,形式和纹饰皆同于正壁主尊像,仅背光的中层化生、忍冬纹饰略为简单而已(插图六)。

东侧坐佛,姿态、服饰、背光和项光纹饰皆同于西侧坐佛,右手亦残断,断面上有一圆形凹孔,左小臂亦已残去。此身坐佛残损较多,保存状况不如西侧坐佛好。

两侧菩萨立像,姿态、服饰相同。东侧者残损严重,大部分已不清。西侧菩萨双手合十置于胸前,跣足立于覆莲座上。通高64厘米。头部残,项光作桃形。有宝冠残痕,宝缯向头两侧翘起,成直角下垂。肩部有圆形饰物和带饰,帔巾交于腹前(插图六)。

二弟子像在龛北壁上雕出,二像并立,面向龛口。弟子像下距龛平面高41厘米。弟子像皆双手合十置于胸前,赤足立于佛的左右两侧。著褒衣博带式袈裟,内著僧祇支,胸前系带打结。头后有圆形项光。弟子像高93～97厘米。

龛内六身像,皆为高浮雕,佛项光、背光为浅浮雕。在龛内壁面空隙处,还雕有童子、莲花、忍冬等纹饰。

六　北壁大龛内西侧三尊像

2. 千佛

千佛以龛楣为界,分为东、西两部分。西侧上下三列,东侧上下四列。各列之间有凸起的栏线相隔。各栏之间壁面略下凹,千佛刻在栏线之间的壁面上。西侧上列存像十身,中列存像五身,下列存像二身。东侧上列存像七身,中列存像五身,第三列存像四身,第四列存像三身。

西侧千佛,皆著通肩袈裟,作结跏趺坐。在坐佛旁或二佛之间有一身菩萨立像。菩萨为作双手合十的立像。帔巾在腹前交叉。佛与菩萨的形体大小,排列的疏密并不一致。东侧千佛坐姿同于西侧,除袈裟为通肩式外,还有双领下垂式。坐佛之间多为弟子立像,也有个别是菩萨立像。

3. 龛外立菩萨和瓶花

龛外东西两侧各雕作供养状的菩萨立像一身。均为高浮雕。二菩萨分别面向佛龛,立于覆莲座上。东侧菩萨残损较甚,西侧者保存较好。

西侧供养菩萨,通高1.76米,头部已残。头后有桃形项光。双手持莲合十举于胸前,面向佛龛作供养状。帔巾较宽,覆盖肩和上臂,绕经胸腹间,分别搭于左右臂上。东侧供养菩萨,通高1.7米,双手似擎一香炉,面向佛龛作供养状。

七　北壁大龛下部供养人群像

西侧供养菩萨和正壁高坛之间，刻以瓶花为饰，其高度与供养菩萨大体相等，宽约50厘米。下为一敞口、细颈、鼓腹和喇叭状圈足的花瓶，瓶上饰有莲瓣。瓶内插放莲花和莲叶，莲叶为侧视形，莲花有花蕾，或作盛开，或作结果等多种形式。上部正中的一朵莲花上有一化生童子。花瓶以下部分亦刻有纹饰，因残损，内容已不可识。

4．供养人行列

佛龛以下的壁面为龛基，刻有一组供养人行列。供养人像下距地面26厘米，占据壁面高67厘米，宽1.6米。供养人行列位于佛龛的西侧，现存供养人像十五身，东起一～三身为比丘像，一、二两身位于佛龛正中下方，分列香炉两侧，俯首向炉内添放香料。第三身比丘，右手托一钵，是一年长高僧。第四至第八身供养人为二男三女，多左手擎花作供养状。男供养人，头戴笼冠，著宽肥的汉式衣袍；女供养人头上作单髻或双髻，著交领大袖衣裙。另有六身侍从人物，或持伞盖，或持扇，或擎提主人衣摆。侍从人物形体较小（插图七）

佛龛下东侧壁面，有后代信士加凿的小龛，原来是否亦雕有供养人像，已无法肯定。

(丙)　南壁

南壁西端延伸至高坛以内部分，已在正壁部分述及。南壁是指地面南侧向上的壁面部分。

南壁中部凿一曲拱垂帐大龛。龛内雕造像一组。龛外两侧为二供养菩萨像，龛下是供养人行列。在西侧上部有若干小龛，东侧上部有化生和供养菩萨。

1．大龛形制和龛内造像

大龛位于南壁中部，龛口立面作圆拱形。宽1.94米，高2.18米。圆拱龛上有曲拱形龛楣，龛楣下悬挂垂帐。圆拱龛和供养菩萨之外侧各有一立柱，共四根。外柱之间宽3.65米，龛底至龛楣顶高3.10米。龛底下距地面高74厘米。

曲拱形龛楣，正中呈倒梯形格，高26.5～29厘米，宽1.22～1.42米。内刻五

八　南壁大龛

身结跏坐佛，皆著通肩袈裟。在坐佛旁刻有弟子或菩萨立像，均作双手合十状，计六身。曲拱龛楣的两侧边，作平行四边形，内刻化生。上身袒裸，双手合十，下身为莲花。帔巾向上飘起。曲拱龛楣的两端，作梯形，东侧者已残。西侧者内刻五身比丘。著双领下垂式袈裟，作结跏趺坐。曲拱形龛楣之下，悬挂帷帐和串珠形璎珞。帷帐延伸到圆拱龛外两侧。

　　在曲拱形龛楣的东西侧上方，分别雕出维摩与文殊像。东侧之文殊，作菩萨装，头戴宝冠，帔巾交于腹前。四周站立四身比丘，作听法状。西侧之维摩，坐于方形帷帐内，帐顶刻有装饰物，帐上挂有帷幕。维摩头戴小冠，著大袖长袍，右手持一麈尾，作讲说状。其西侧上方有一飞天，旁立二菩萨。

　　龛外西侧内柱和外柱、柱下覆莲柱础尚清晰可见，龛东侧内柱和外柱、柱础已残失。

　　圆拱龛内雕造像一组。龛平面呈半圆形，顶部近于穹窿形。进深为1.13米。龛内后壁前有一低台，高40～44厘米。低台前东西侧浮雕二狮子。狮子正面站立，双目圆睁，张嘴露齿。胸部隆起，鬃毛向上飘起。

　　龛内低台正中有一覆莲座，高13厘米，宽1.2米，进深44厘米。座上有一身主尊菩萨像，主尊两侧有二弟子。龛内东、西侧壁各有一身菩萨立像。

　　主尊菩萨，为结跏趺坐，右腿叠放在左腿上，露右足，脚背朝外。通高1.68米。头部及右肩残损。头两侧有宝缯四条，向上翘起后下垂。肩部有圆形饰物和带饰。下著长裙，腰间系带。帔巾搭在双肩处，成尖角，略上翘。帔巾垂至腹前交叉穿壁，长裙下摆垂于低台前。左手前伸，掌心向外。右手上举，手已残断（插图八）。

　　弟子像，立于主尊两侧的莲座上。西侧弟子残损极甚，仅存双足。东侧弟子头部残失，下部衣饰亦模糊不清。跣足，立于莲座上，残高80厘米。

　　二身菩萨立像，左右相对，立于莲座上。头部均残，身上亦有不同程度的残损。东侧菩萨,残高90厘米。肩部残损,饰物形状不明。帔巾交于腹前穿璧,垂至膝部折向上方,绕过左右臂后下垂于体侧。左手举于胸前,手持一物。右手下垂,握持帔巾。西侧菩萨,残高89厘米。双肩有圆形饰物和带饰。搭在肩部帔巾,成尖角,向外翘起。帔巾于腹前交叉,垂至膝部折向上方,绕过手臂垂于体侧。左手下垂,右手举于胸前,握持一物。二菩萨项光皆作桃形(插图九)。

主尊菩萨的项光和背光雕在龛内西壁和龛顶,背光两侧还刻有维摩和文殊像,皆为浅浮雕。项光为圆形,内层为同心圆状的环纹,外层为忍冬纹带。忍冬纹带由瘦型单叶忍冬,一正一反顺向排列,顶部中间嵌一莲花。背光分为三层,内层为环纹,中层为忍冬、莲花,外层为火焰纹。在主尊背光顶部的两侧各雕一身飞天。西侧飞天下方,浮雕出一盝顶形帷帐,帐顶有宝珠等饰物,帐侧悬挂帷幕。维摩坐于帐内,头戴高冠,著交领肥袖大衣。右手前举,手残。维摩背后立有屏风,屏风内外立侍女五人。维摩帷帐的旁边,刻一怪兽。东侧文殊,背后立有屏风。文殊作菩萨装,坐姿。因风化,身体部分有残损。右手上举,持一拂尘状物。屏风后,立四比丘。文殊前刻有三身作胡跪、双手合十的比丘。

2. 供养菩萨和供养人行列

圆拱龛外东西两侧各浮雕供养菩萨一身。东侧菩萨,头残,衣饰不清。残高1.3米,双手合十,侧身面向佛龛。西侧菩萨,头和上身残,残高1.6米。赤足,立于覆莲座上。右手上举,手托一香炉状物。

供养人行列,位于大龛下方的龛基壁面。高72厘米,宽约2米。龛基中部,一力士双手上举,托一长方形托盘,盘内放一熏炉和莲花。以此为中心,东西各有一组供养人像。东侧供养人六身,皆面西。首为一比丘,次为男供养人,三为女供养人,另有三身持伞盖的侍女。西侧供养人一行十一身,为首的比丘已残。第二至第四身皆为男供养人,头戴高冠,著交领肥袖大衣。右手持莲花,举于胸前作供养状。另有男女侍从七人,或擎持伞盖,或提持主人衣摆。侍从人物形体皆略小。

3. 西侧小龛

大龛之西侧,刻有小龛一排,宽窄大小不一。自上而下是:第一龛为一圆拱龛,龛内一结跏坐佛,作说法状,龛外为二立菩萨。圆拱上有尖拱形龛楣,龛楣内刻一坐佛,龛楣两侧各有二身比丘,龛楣上方悬挂帷帐。第二龛的龛形和内容同第一龛,唯残损较甚。第二龛以下部未凿龛,分别刻出二比丘,作禅定状。再下为两身作跪姿的供养人。比丘和供养人皆面向西壁。最下部分是一身跪于莲座上的人物。上身残去,具体内容不明。

大龛的东侧上方,刻有化生、供养菩萨、云气、忍冬纹和三身千佛。人物面向东,这部分内容是前壁浮雕的一部分。

(丁) 前壁

入口门道从前壁正中穿过,门道内口高2.5米,顶宽1.75米,底宽1.96米,下部略有残损。门道上方雕有门楣。窟门南北两侧,各凿一立像龛。前壁上部门楣两侧雕出千佛。

1. 门楣

门楣作尖拱形,中间高1.05米。上刻有五个小龛。小龛均作圆拱形,龛上有尖拱形龛楣。中间小龛最高,通高84厘米。左右侧二龛略小,通高61～68厘米。两外侧小龛最小,通高约40厘米,此二龛的龛顶已残。

中间三小龛,龛内皆雕二佛并坐像,佛著双领下垂式袈裟,结跏趺坐。二佛均侧身,成相对视说法状。二佛两侧各雕出一身菩萨立像,有的在二佛之间雕出一弟子像。菩萨和弟子,多作双手合十状。两外侧小龛,内为一身结跏趺坐佛,佛两侧立侍二菩萨像。

门楣下方,未见门柱遗痕。

2. 立像龛

窟门南北两侧各凿一立像龛。龛作圆拱形,无龛楣、龛柱。龛内中间雕一立佛像。立佛两侧各雕一身菩萨立像。两龛形制内容相同,大小接近。南侧龛严重残损,现以北侧龛为例略作说明。

龛高2.5米,底宽1.3米,龛底下距地面约70厘米。龛内中间雕立佛一身。立佛头部残,像高1.9米。著褒衣博带式袈裟,内著僧祇支。袈裟自腹前搭到左臂上。胸部系带打一结,赤足,立于莲座上。右手上举,掌心向外;左手前伸,手指朝下,掌心向外(插图一〇)。

立佛两侧二夹侍菩萨,身体均向立佛侧转。南侧菩萨残损较甚,北侧菩萨上身大体完好。北侧菩萨头残失。通高1.2米。双手合十置于胸前。跣双足,立于莲座上。帔巾自双肩垂下,于腹前交叉,又折上搭于两臂。二菩萨项光均作桃形。

立像龛下,原有供养人像,今大部已残去。仅香炉、比丘和男供养人各一身依稀可见,余者已均不清。

3. 千佛

前壁上部门楣两侧,刻有千佛。北侧存三列,一列坐佛六身,二列坐佛五身,三列坐佛四身。坐佛高25～35厘米,大小不一。皆为结跏趺坐,所著袈裟有通肩和双领下垂式两种。在坐佛之间,刻有菩萨或弟子像,形体略小,皆作双手合十状。南侧千佛为两列,身躯略小。坐佛、菩萨、弟子皆同北侧。第三列的位置未刻千佛,仅刻忍冬、莲花纹饰。

除前述内容外,本窟内外诸壁尚有若干晚期遗迹。如正壁高坛立面、北壁大龛下壁面、南壁大龛下壁面、门道南北侧壁及窟外与南侧壁等处,均刻有数目不等的晚期小龛。西壁、北壁、南壁诸晚期小龛,皆为本窟完工后补凿的,属于北朝时期。门道北壁有唐代补凿的小龛,龛下刻有铭文:"……□观四年十一月廿二日……"。可见本窟完工之后,迄于唐代曾有小量续建活动,规模极小,其小龛分布亦不规律。因与本窟始建无关,此处均从略。

九 南壁大龛内西侧菩萨像

一〇 前壁北侧龛内立佛像

四 结语

1. 开窟年代和窟主

本窟之开凿年代,因窟前造窟碑刻有纪年,可以确定具体年代。碑文末行谓:

"大魏孝昌三年岁次丁未九月十九日"。

据此,本窟之始凿年代当在孝昌三年初或稍前。孝昌三年九月,本窟当已全部完工。

造窟碑称此为"太尉公皇甫公石窟"。故本窟应是皇甫氏家窟。皇甫氏为外戚胡国珍之姻亲,皇甫集、皇甫度为胡太后之母舅,在《北史·外戚传》中,二人均附于胡国珍传。传称:

"太后舅皇甫集,……封泾阳县公,位仪同三司雍州刺史、右卫大将军,赠侍中、司空公。"

"集弟度,字文亮,封安县公,累迁尚书左仆射、领左卫将军。……正光初,元叉出之为都督、瀛州刺史,度不愿出,频表固辞,乃除右光禄大夫。孝昌元年,为司空、领军将军,加侍中。……又摄吏部事,迁司徒、兼尚书令,不拜。寻转太尉;孜孜营利,老而弥甚。迁授之际,皆自请乞。灵太后知其无用,以舅氏,难违之。……尔朱荣入洛,西奔兄子华州刺史邕,寻与邕为人所杀。"

《魏书·肃宗纪》载:

神龟二年(公元519年)八月"辛未,以左光禄大夫皇甫集为征西将军仪同三司。"

正光二年(公元521年)十一月"戊申,卫大将军仪同三司皇甫集薨。"

据此,孝昌三年距正光二年长达六年,故造窟碑中之皇甫公不可能是皇甫集。

《魏书·肃宗纪》又云:

正光三年(公元522年)十二月"癸酉,以左光禄大夫皇甫度为仪同三司。"

孝昌"三年春正月甲戌,以司空公皇甫度为司徒。"同月"戊子,以司徒皇甫度为太尉。"

孝昌三年正月,皇甫度已为太尉,故是年九月的造窟碑所称太尉公皇甫公,当是皇甫度[③]。为官最为贪婪的皇甫度,在迁升太尉出资营造家窟,自是顺理成章的事。

碑文的撰者,碑侧记有刻文:

"使持节安西将军□□刺史□支尚书汝南袁飜景翔文"。

袁飜即袁翻,《魏书》卷六九有传:

"袁翻,字景翔,陈郡项人也。……翻少以才学擅美一时。"官拜"吏部郎中,加平南将军、光禄大夫。……孝昌中,除安南将军、中书令。……后拜度支尚书,寻转都官。""建义初,遇害于河阴……赠使持节、侍中、车骑将军、仪同三司、青州刺史"。传文说:"飜既才学名重,又善附会。亦为灵太后所信待。"

深得胡太后信待而又有才名的袁翻,为太后母舅皇甫度撰造窟碑文,也是自在情理之中。碑文撰于袁翻遇害之前一年。

书写人王实、刻碑人张文,均无考。

2. 本窟之特点

皇甫公窟,规模虽不甚大,但颇为精致。窟门门楣之上加雕仿木构屋顶。此窟是规模较大、且保存较完好的一例。

窟内的布局。正壁、左右侧壁各为一龛,形成三壁三龛的格局,这是这一阶段出现的新的布局形式,并为后代建洞所承袭。在莫高窟的隋代洞窟中,仍在沿袭使用。在前壁窟门两侧加开二立佛龛的作法,巩县石窟第五窟是一极为相似的实例。

本窟中的造像,佛像中的袈裟式样;佛背光、项光的组织和纹样;菩萨像宝冠两侧之宝僧;帔巾的交叉于腹前,或穿壁的方式;佛像、菩萨像的衣纹雕法等方面,在全窟各壁中,表现出极为鲜明的一致性。这说明,不仅各种造像的形式趋于规整,也暗示出此窟的营造时间不会太长。很可能是在较短的时间内一次建成的。

本窟的造像、浮雕的题材,主尊有结跏坐佛,结跏趺坐菩萨,释迦、多宝佛,立佛等。在浮雕中,有七佛、维摩和文殊、千佛等。大面积的浮雕罗汉群像、规模较大的思维菩萨像,在同时期别窟中极少见。南北壁的供养人行列,规模和场面虽不如宾阳中洞和巩县石窟中的帝后礼佛图宏伟壮观,但在龙门同一时期的中小型洞窟中,却是保存最好的一窟,亦甚珍贵。

皇甫公窟作为一次完工的有纪年的中型洞窟,是龙门北魏第二阶段洞窟中保存最为典型的窟例,它在龙门北朝洞窟的分期中,有着不容忽视的地位,值得对它作进一步的研究。

③ 最早注意此碑,并考证皇甫公为皇甫度的是法人沙畹(E·Chavannes),参看所著《Mission archeologigue dans la septentrionale》卷二解说P.508—509(1915)。

253

渑池鸿庆寺石窟

李文生

(一) 概 况

鸿庆寺石窟坐落在河南省渑池县东境内。石窟背依韶山(即洛阳北郊邙山之西段)支脉白鹿山,面临南涧河,陇海铁路穿行其间。西距义马市7公里,东离新安县铁门镇6公里,由洛阳乘火车西行约55公里即可抵达(参照本卷温玉成论文:插图一)。

由于石窟地处偏僻,历来鲜为人知,方志、金石著录也寥寥可数。较早记载鸿庆寺石窟的是清代利用纂修的《渑池县志》和民国三年的《续河南通志》,但内容过于简略,参考价值不大。50年代,华东艺术专科学校的师生曾到鸿庆寺石窟作过艺术考察。接着,俞剑华、于希宁撰写了《渑池鸿庆寺石窟》一文,刊于《文物参考资料》1956年第4期上,这是对鸿庆寺研究的嚆矢。真正注意到鸿庆寺是最近两年的事。龙门文物保管所的研究人员曾三次赴渑池县鸿庆寺石窟实地考察,对各窟和窟内小龛进行了编号,对各窟的现状和内容作了详细的记录,并进行了部分的实测和拍照工作。

现将考察情况整理如下:

鸿庆寺是佛寺和石窟的组合。据明嘉靖四十二年《重修白鹿山鸿庆寺古佛龛卧碑序》(插图一)记载:

"后周圣历元年圣主御驾亲临观此佛境,改名鸿庆寺。"

可知鸿庆寺之名肇始于唐武则天时。

但是在圣历元年(公元698年)以前是否有寺院,它的名称是什么,由于年

一 重修白鹿山鸿庆寺古佛龛卧碑序

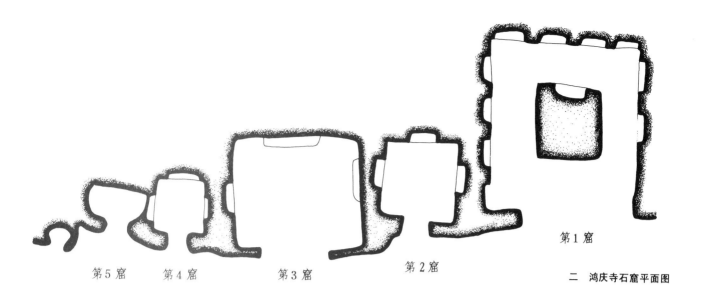

第5窟　　　第4窟　　　　第3窟　　　　　第2窟　　　　　　第1窟

二　鸿庆寺石窟平面图

代久远,今已难考。从现存石窟院内的碑刻记载来看,自武后以后,至金、明、清诸朝屡有重修,这个寺名也一直沿用至今。金大定二十八年(公元1188年)时,寺院住持沙门善智经常派人外出广募布施,为修建寺院筹划银两,并拥有众多的田产(见《河南府渑池县白鹿山鸿庆寺常住地土碑》)。从明宣德二年《重修白鹿山鸿庆禅寺碑记》的记载知道,当时住持兴辩和尚"起盖正殿三间,伽蓝殿三间,及东西□□□□□堂,山门若干间。又绘画水陆一堂及四围门墙,焕然一新。供具无缺。每以课诵精诚,具戒严洁。□□开经律三藏之文,贯儒释九流之典……"由此可知,在明宣德年间(公元1426~1435年)鸿庆寺的规模是相当可观的。武后敕名的鸿庆寺院,其遗址就在石窟前东侧,即今之古佛寺学校所在地。《渑池县志》卷十五《山川纪略》载:"白鹿山东抵涧水,鸿庆寺紧依山南水北,旁有石窟。"这个记载完全符合今日古佛寺学校所坐落的寺院位置,而石窟恰在其旁。鸿庆寺现存并列两个院落,"紧依山南水北",坐北向南,东院仅存正殿三间,西院现存东西配殿各三间,其余皆为古佛寺学校新建、改建之房。据当地老乡说,现存石窟院内的几通金、明、清诸朝重修鸿庆寺的碑刻,都是近几年来从学校迁移到这里的。

关于石窟记载,据《重修鸿庆寺佛殿记》:"我谷村之鸿庆寺,由来旧矣。考之金石,创始于六朝间。迨唐景龙五年……(缺字不可续读)华龛六,虽古式不全,而遗迹犹有存者斯地也。"鸿庆寺现存六个洞窟,正与记载相符。《渑池县志》也记:"盖魏齐间多造像祈者。"从鸿庆寺现存四个洞窟的形制、造像作风以及装饰纹样来看,皆属北魏末期。北魏以后仍有续作,其中以唐代造像为多。现存石窟寺院内的五尊残存造像,造型、风格,皆具唐代特点。唐以后很少再有新的造像。

鸿庆寺石窟依白鹿山崖而凿,距地面高约30米 洞窟面向东南,崖壁属于黄沙岩,比较松脆,易于雕刻。石窟全长约32米,洞窟六个(插图二),大龛约24个。自北至南编号为:第1窟、第2窟、第3窟、第4窟、第5窟和第6窟(在第5窟下方约3米处)。前四个洞窟中的部分造像或因风化而模糊,或因崩坍而不存,但大部尚存;后二个窟较小,不存造像。现存造像(包括残的和风化的),经统计约有275尊。另存碑碣5通。1963年,鸿庆寺被河南省公布为省级重点文物保护

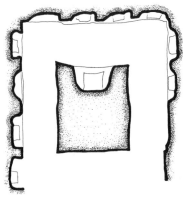

三 第1窟平面图

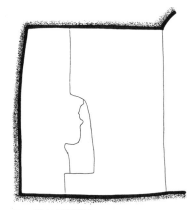

四 第1窟断面图

五 第1窟正壁上部佛传图

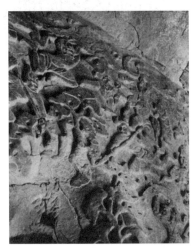

六 第1窟正壁上部佛传图

单位。1957年，对第1窟、第3窟进行了加固支撑，装设了窟门。1984年，又修筑了围墙，石窟得到了妥善的保护。

(二) 现状和内容

第1窟

平顶，平面呈正方形、正中造方柱(插图三、四)。高5.40、宽5.90米、深7.50米。

外壁岩面早已风化崩坍，1958年前曾用砖重新加固，设有窟门及门窗。

中心柱位于窟正中，高5.40米，每面宽皆为2.75米，上接窟顶。方柱四面中下部各开一大龛。中心柱正壁及东西两侧壁因岩石风化崩坍，后用砖沿中心柱至窟顶垒砌加固。中心柱正壁龛基下方正中，刻一博山炉，两侧各有一供养人，供养人外各有一卧狮。中心柱东侧壁龛仅存主像左侧菩萨的左侧身躯，西侧壁龛仅存右上角痕迹。从中心柱两侧壁上部风化严重的遗存看，很可能浮雕佛传故事。中心柱后壁开一尖拱大龛，造像为一铺五尊，主佛居中，跏趺于方座上。窄肩，左手曲举，右手置腹前。左弟子像风化甚重，右弟子像双手合十。左菩萨像左手下垂置腹侧，右手举胸前。右菩萨像左手举胸前，右手下垂置腹侧。菩萨像皆肩搭帔帛。中心柱后壁上部刻一浅龛，释迦牟尼像居中，跏趺于方座上。高肉髻，面较长，窄肩，胸平。左手置腹前，右手举胸前，似作说法印。佛座两侧各跪双鹿，可知此浮雕为鹿野苑初转法轮。左菩萨像左手平置腹前，右手举胸前。右菩萨像风化较重。两菩萨像外侧各有一组供养人行列，前排五人作跪，双手合十；后排六人站立，手擎华盖。佛身后为圆形头光和舟形背光。背光上部左侧存两飞天。

后室正壁下部开四个大龛，自东第1、2、3龛，均存有一佛、二菩萨像的风化石胎。第4龛风化严重，造像无存。

正壁上部东侧是一帷幕浅龛。立佛居中，头残，胸、腹较平。左手伸腹上，右手举胸前，身著褒衣博带袈裟。左侧菩萨像冠、额皆残。面容略长，左手持莲花平伸腹前，右手伸五指举胸前。颈系尖项饰，肩搭帔帛，肘部折角明显。右侧菩萨像脸部风化，左手持莲实举胸前，右手平伸向外，帔帛交叉于腹部。两菩萨像皆为火焰宝珠头光。其上方各有罗汉头部残迹，仅存头光。左菩萨像外侧有一弟子像，眉目清秀，身披袈裟。右菩萨像外侧站立一菩萨装人物，左手持莲花与肩齐，右手拿一莲花举胸前，脸向龛方。发髻较高，戴尖项饰。上著短襦，下穿长裙，肩绕帔巾。此帷幕浅龛造像可能是一组佛传故事。

正壁上中部浮雕降魔图(插图五、六、七)。画面中央为一佛龛，坍毁甚重，仅存左方一菩提树及释迦所坐覆莲座之左下部。龛外左侧下部，靠释迦处站立一魔王波旬，身著甲胄，身侧是三个魔女，手持团扇，身作媚态。画面上部是身著短裤，或穿甲胄的各种魔鬼，有的双手持刀，有的双手紧拉弓箭，有的一手持矛、一手握盾，有的手持金刚杵。还有骑虎口喷水、头顶火焰山、口吐毒气的魔众。也有吐舌的毒蛇、卷鼻的大象等。各种魔鬼、动物，多作飞舞奔驰、张

256

牙舞爪状,并集中向释迦进攻。此图构图谨严,场面壮阔,雕刻精致。浮雕画面达3米多见方,可能是我国石窟现存降魔变中最大的一幅。

正壁上部西侧,也刻一帷幕浅龛(插图八)。龛楣作一拱梁,拱梁上的装饰,自上至下为莲花、鳞纹、锯齿纹。梁下系帷幔,拱端各施一龙头,口衔流苏。龛中立佛居中,面圆长,微露笑意。高肉髻,窄肩,腿下部残。内著僧祇支,外披褒衣博带袈裟。衣襟搭左肘上,披肩衣纹呈垂直平行线。左手持一长圆状物,下有双手承接(身躯全残),右手(残)举胸前。佛前为两身弟子像,下部的弟子像面向佛,上部的弟子像背向佛。皆窄肩、合十,披袈裟。佛后稍下一菩萨像立于覆莲座上。头残,胸较平,双手置胸前。帔巾横交于腹部,下部宽大厚重,有下坠感,与龙门路洞正壁主像右胁侍菩萨像的帔帛相似,为北魏晚期作风。该菩萨头上方刻有三身弟子像,头均残,双手合十,身披袈裟。

东壁风化残破严重。下部也开四个大龛,自外至内第1、2龛崩塌无存;第3、4龛,仅存一佛、二菩萨像的风化石胎。第4龛为尖拱形龛。

东壁上部内侧为一幅大浮雕,惜风化甚重,仅存中间的高耸曲折的城墙残迹(插图九)。从残迹看,侧门城楼为庑殿顶,宽三间,正脊两端作鸱尾,屋檐远翘,下有叉手,房坡有瓦垄。正侧面城垣交接处有重檐角楼建筑,城内有数株菩提树,树下站立约六、七人,身著褒衣博带服装,其前似一冠带人物坐于方榻上。城外约有菩提树五、六株,人物约有十五、六个。中部似为一坐状思惟菩萨像,头向右方略倾。其前有一人面对,似作跪状。菩萨两侧各立二人,身躯修长,著褒衣博带,面皆向菩萨。城门右侧二菩提树间有一手抱小孩的人物,其后菩提树上方有一结跏趺坐人物。其余人物风化甚重,难以辨识。此幅浮雕,很可能为一组佛传故事。

西壁风化严重,岩壁剥蚀。下部四龛犹存。自内至外第1龛残存一佛、二菩萨像的风化石胎。第2龛为尖拱龛。龛楣上部右方存六人,一人双臂平伸,似作舞蹈状。一人持莲上举,一人在其下。一人弯腰坐拱上,左手扶左腿,右手持莲实上举。其余二人风化甚重。龛基下方中间刻一博山炉,两侧各一供养人(左供养人下肢残,右供养人仅存头部)。龛内存一佛及左右弟子、菩萨像的风化石胎。第3龛龛楣上部刻四个伎乐人。左方二人相对,一人吹笙,一人似击鼓。右方二人相对,一吹排箫,一坐覆莲座,伎乐间饰莲花。龛内存一交脚弥勒佛和二菩萨像的风化石胎。左侧菩萨像左手持一物下垂腹侧,右手举胸前。右侧菩萨右手置腹侧。第4龛崩毁,残存部分龛楣。龛楣左方上部存一人,手持长茎莲花,龛内存一交脚弥勒和二菩萨像的风化石胎。

西壁上部内侧为一幅浮雕(插图一○)。菩萨装的人物居中,赤足左舒坐于束腰座上。背后有一株枝叶繁盛的菩提树,菩萨身躯前躬,俯视,左腿下垂,右腿屈置于左腿上。左手抚右腿,右手上伸支腮。头戴花瓣冠,上著内衣束带,下著裙,肩披帔巾。菩萨面前跪一马,下颌吻菩萨左足。马内侧菩萨前有一跪人残迹,疑为马夫。马后共有九人,前二身侍女束双髻,身著交领宽袖装,手持华盖,后七人站立,均戴笼冠,褒衣博带袍服。从画面人物间的彼此关系来看,此浮雕当为佛传中的犍陟辞还的故事。此浮雕下,残存数人,已风化。

西壁上方中部开一龛,龛左侧佛像虽已风化,尚依稀可辨。右侧从留存的

七　第1窟正壁上部佛传图

八　第1窟正壁西侧浅龛造像

九　第1窟东壁内侧上部造像

位置来看,似应有一佛像,此龛造像可能为释迦、多宝像。

西壁上方外侧开一浅龛,造像一铺三尊。佛跏趺坐莲花座,头残,宽肩,胸平,双手作禅定印。内著僧祇支,外披褒衣博带袈裟。佛左侧菩萨像仅存头部和火焰宝珠头光,右手持莲实向前伸。其右侧菩萨像趺坐覆莲座,头较长,双手置胸前,有火焰宝珠头光。左弟子无存。右弟子赤足立覆莲座,头残,双手向前伸,外披袈裟。本尊佛像靠上两侧各侍立一菩萨像,左菩萨右手持莲实下垂,肩搭帔巾;右菩萨已风化。根据此壁下部第2、3、4龛龛楣上部浮雕的莲池、莲花、伎乐场面来看,这一浅龛内容应为西方净土,龛内主尊应是阿弥陀佛,两侧胁侍应是观世音和大势至菩萨。龛顶两侧各有三身供养菩萨像,风化过甚,依稀难辨。

一〇　第1窟西壁上部内侧佛传图

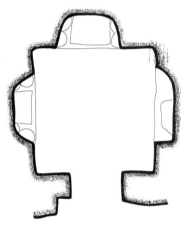

一一　第2窟平面图

一二　第2窟断面图

一三　第2窟西壁尖拱龛

第2窟

覆斗顶,平面呈正方形,窟内三壁各开一大龛(插图一一、一二)。窟高3.75米,宽3米,深3.70米。

外壁风化较小,故存长方形窟门。高2.10米,宽1米,进深0.72米。无任何雕饰。

窟顶大部崩坍,呈横向层状剥落。窟顶南坡呈梯形,上饰莲瓣、莲蕾、圆状物一层,联珠纹一层,鳞纹一层,其它三坡风化漫漶。

窟地面无雕饰。

正壁开一尖拱形大龛,高1.80米,宽1.70米,深0.77米。龛楣大部残毁,龛外两侧各刻一龛柱,左龛柱存覆莲柱头,右龛柱风化仅存残迹。龛柱外左右各刻一浅龛,内各有一罗汉,面皆向内。左罗汉风化,右罗汉跣足立覆莲座上,头呈高肉髻,圆头光,披袒右肩袈裟。左手举胸前,右手下垂腹侧。正壁大龛内一铺五尊像,佛居中跏趺于方座上。高1.20米,肩宽0.50米,胸厚0.23米。头残。左手展掌置腹侧,右手上举胸前,内著僧祇支,裙带下垂,外穿褒衣博带袈裟,垂裾前压佛坛。舟形身光已风化。此像为北魏后期作风。左弟子存风化石胎及头光。右弟子头残,赤足,立于圆台座上,披袈裟,双手合十,有头光。左菩萨存风化石胎及火焰宝珠形头光。右菩萨头残,赤足立于覆莲座上,左手上举胸前,肩搭帔巾交叉于腹部,有火焰宝珠形头光。

东壁开一大龛,窥其风化遗迹,主佛居中,跏趺方座,头失,窄肩,内著僧祇支,外披褒衣博带袈裟,双手置腹前足上,作禅定印。左右二弟子仅存残迹,二菩萨已无存。

西壁开一尖拱形大龛,高1.85米,宽1.80米,深0.65米。龛楣不施纹饰,拱端饰覆莲,上刻涡状纹饰。龛内造像一铺五尊,佛居中,跏趺于方座上。高1.10米,肩宽0.50米,胸厚0.26米。头失,窄肩,胸部凸起,双手叠压置前足上,作禅定印。内著僧祇支,外披袈裟,上臂及胸侧衣纹呈垂直平行线,衣襟前垂遮压佛坛,襞褶较稠密呈羊肠状(插图一三),如龙门北魏晚期作风。头光内层刻一圆环,外层饰莲瓣一匝,舟形背光不施纹饰。佛外侧各侍立一弟子,头皆残,存头光,披袈裟,双手合十。左菩萨身躯修长,头残存火焰宝珠头光,左手残,右手举胸前。冠上宝缯向外平伸如翅,然后下垂。长发垂肩,圆项饰,前系一尖饰物,肩上有圆饰物。上身斜披一物,下著裙,肩搭帔巾于腹部交叉并穿一璧。裙带长宽垂于腿间,中部饰一花结。右菩萨头失,左手举胸前,右手残,余同左菩萨。

前壁窟口上方开一尖拱小龛,造像一铺三尊。佛像居中,头残,披袈裟跏坐方座。左菩萨头残,双手合十,下肢较短。右菩萨残毁。

第3窟

横券顶,平面呈长方形(插图一四、一五)。崩坍甚重。高3.76米,宽5.30米,深4.90米。

石窟外岩壁崩坍。后人用砖墙支撑,设有门窗。

正壁造像一铺五尊。主佛居中,跏趺方座上。高2.10米,肩宽1米,胸厚0.27米;方座高0.58米,宽1.80米。头为后人重安,宽肩,双手残置足上,似作禅定印。胸腹较平,内著僧祇支,裙带下垂,外披褒衣博带袈裟。披肩衣纹作垂直平行线,襟搭左肘上。衣摆前压佛座,衣纹呈直平阶梯状(插图一六)。头光、背光风化无存。佛左侧为迦叶,面向佛,深目,披袈裟,双手合十侍立,圆头光。右侧阿难无存。左菩萨下肢风化残毁,左手下垂置腹侧,右手举胸前。面方而平,头戴花瓣冠,火焰宝珠头光。冠侧宝缯向外平伸如翅,然后下垂,颈戴圆项饰。长发垂肩,上身斜披一物,下著长裙,帔帛交叉于腹部并穿璧(插图一七)。右菩萨体躯修长,头残,肩削窄,长发垂肩。左臂残毁,右手下垂腰侧。颈上有尖项饰,肩上帔帛于腹部十字交叉穿璧,裙带下垂至膝间(插图一八)。

东壁造像一铺五尊。佛居中,跏趺于方座上。高2.10米,肩宽1.04米,胸厚0.32米;方座高0.75米,宽1.70米。头残,宽肩。左手展掌垂伸五指,手心向前置腹前侧。右手残,举胸前。内著僧祇支,结带下垂,外披褒衣博带袈裟,衣襟搭左肘上,披肩衣纹呈垂直并行线。头光内层饰重层莲瓣一匝,外层刻三圆环。舟形背光,无纹饰,头光与身光间施以并行弧线纹。迦叶被窟前墙壁所堵,从缝隙中观察,头残,有头光,披袈裟,双手合十,已风化。左菩萨像,因窟前岩壁崩坍已不存。阿难身躯较高,面向佛,头残,圆头光。窄肩,双手合十,披袈裟。腿下部已风化。右菩萨像头残,仅存火焰宝珠头光。腹以下残毁。左手持莲实举胸前,右手置腰侧。冠上宝缯平伸两侧下垂,长发垂肩。肩上刻圆状饰物,上袒露,下著裙,肩搭帔巾,两肘处折角明显,呈三角状。

西壁内侧刻一尊立佛像,头残。腹部以下已崩坍,现仅存身躯上部及舟形背光。上部刻一菩提树(插图一九),树下一思惟菩萨像坐于束腰圆座上。菩萨坐像头残,火焰宝珠形头光,身前倾。左腿倚座下垂,右腿弯屈,平置于左膝上。左手抚右腿,右手支腮,肩搭帔巾。

西壁中部开一帷幕大龛。龛楣作一拱梁,梁上饰垂幔、宝珠、飞天、化生童子及莲瓣等,拱梁下饰鳞纹、锯齿纹垂幔(插图二○)。龛内造像一铺三尊。主像是菩萨装弥勒像,交脚坐于方座上。头残,左手置左膝上,右手残,举胸前。宝缯饰物下垂,长发垂肩后。肩有圆饰物和锦带,尖项饰下系圆坠。下著长裙,裙带下垂,肩搭帔帛,于腹部十字交叉穿一璧(插图二一)。两胁侍菩萨像头均残,下肢残或风化。双手合十,火焰宝珠形头光,尖项饰。肩搭帔巾,于腹部十

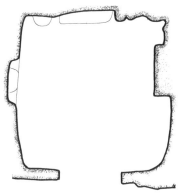

一四 第3窟平面图

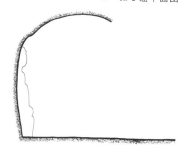

一五 第3窟正壁坐佛像

一六 第3窟正壁坐佛像

一七 第3窟正壁左胁侍菩萨像

一八　第3窟正壁右胁侍菩萨像

一九　第3窟西壁外侧上部思惟菩萨像

二一　第3窟西壁中央弥勒像

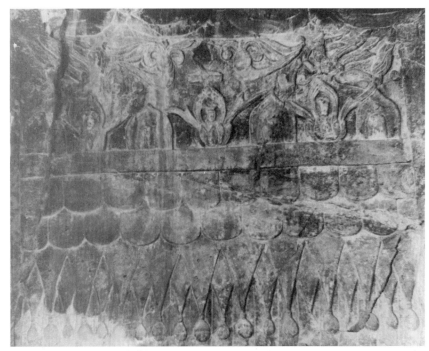

二○　第3窟西壁中央帷幕龛龛楣

字穿一壁,然后上折,至肘部向外飘垂。肘部折角同于主像。

此外,西壁外侧的前壁砖墙外上部,存一菱形格,内刻一身肩搭飘带的伎乐。左手持三弦曲颈琵琶,右手拿拨子,面向龛内。由菱形格的位置来看,此格应是叠拱龛楣中央梯形右端的残存部分。

第3窟内的造像小龛共有24个。正壁10个,东壁8个,西壁6个。自东至西依次编号,第1、2龛皆为尖拱龛,内皆为一立菩萨像;第3、4龛皆为尖拱龛,造像为一佛、二菩萨像;第5、6龛尖拱龛,皆为一坐佛像(以上为东壁小龛)。第7龛尖拱龛,无像;第8龛尖拱龛,作跏趺坐、禅定印的佛像一身;第9龛尖拱龛,菩萨立像一身;第10龛叠顶帷幕龛,三尊像。主佛跏趺坐居中,左手展掌置腹前,右手举胸前。座前两侧各雕一卧狮,二菩萨双手合十立于长茎莲上;第11龛尖拱龛,坐佛像一身;第12至14龛皆为尖拱龛,为一佛、二菩萨像;第15龛为尖拱龛,一坐佛像;第16龛尖拱形,一坐佛像(以上为正壁小龛);第17龛叠拱形,一佛、二菩萨像;第18龛尖拱形,一佛、二菩萨像;第19至24龛皆为尖拱龛,造像为一坐佛(以上为西壁小龛)。

第4窟

覆斗顶,平面呈正方形,窟内三壁各开一大龛(插图二二、二三)。高2.60米,宽1.90米,深2.50米。

外壁风化剥蚀,已无任何雕饰。前壁开一窟门,高1.80米,宽0.90米,厚0.50米。窟口无雕饰。

窟顶藻井刻一莲花井心,四坡皆为梯形,每梯形坡面浮雕二身飞天(插图二四)。上身竖直,下肢后斜,相向飞舞。高发髻,细腰,颈戴尖项饰。袒上身,下著长裙,不露足。肩披飘带,周饰流云。每个梯形坡面的下部饰莲瓣。窟顶东侧二飞天共托一物,西侧二飞天共供一宝瓶,后顶二飞天间有一旋轮状物,前顶内装饰已风化。窟顶四周外缘饰鳞纹、锯齿纹帷幔。

正壁开一浅龛,造像一铺五尊。主像居中,跏趺于佛坛上。头佚,窄肩,胸较突出。左手置腹前,右手举胸前。内著僧祇支,外穿褒衣博带袈裟,襟搭左肘上。头光内层刻一圆环,中层饰莲瓣一匝,外层施波状忍冬纹。火焰舟形背光直抵窟顶。佛座上部两侧各一弟子,圆头光,双手合十,披袈裟,下肢风化残毁。佛座下部两侧各刻一身菩萨像,火焰宝珠头光,长发垂肩,肩上有圆形饰物及锦带。左菩萨右手举胸前;右菩萨左手举胸前,右手置腹侧。龛外东上角前刻四罗汉,圆头光,双手合十,披袈裟;后刻三身供养菩萨像,面向龛内,皆高冠,双手合十。西上角前刻三罗汉,双手合十,外披袈裟;后刻四身供养菩萨像,高发髻,双手合十,上著交领衣。以上龛外左右上方角的造像,皆为半身像。龛门外西侧,从遗存看似一供养人像,推断东侧也应有一身供养人。龛底风化甚重,无从辨认。

东壁风化严重,上部中央残存一梯形,其内侧有二身跏趺坐的小佛。从其所处的位置,及其外侧留存的距离推测,梯形内此二佛之外侧,原应有五尊小坐佛,合为"七佛"。此外,梯形内侧尚存一菱形格之上部。由此两处残迹可知,该壁原为一盝拱大龛。梯形格外上方中央刻一博山炉,其外侧一供养人,内侧二供养人,皆作跪状。该壁大龛的内上角浮雕一飞天。其余龛像全部风化残破,难以辨认。

西壁中央开一尖拱大龛(插图二五)。龛楣饰七佛,皆跏趺坐,作禅定印,饰舟形身光。拱端内上角饰一回首飞天(插图二六)。左手持莲蕾置胸前,右手托物上举。高发髻,尖项饰。袒上身,下著长裙,不露足。天衣飘带后扬,前后皆饰流云。外上角飞天已无存,仅残留飘带。龛内造像一铺三尊。从残迹看,主像居中,跏趺坐,高肉髻,面容修长。内著僧祇支,外披褒衣博带袈裟,两手作禅定印。腹部以下残毁。左菩萨风化严重,高冠,肩搭帔巾,双手合十。右侧菩萨风化甚重,形态模糊不清。龛外内侧为一菩提树,树下坐一思惟菩萨像,左手抚右膝,右手支颐,头戴冠。外侧造像无存。

此外,鸿庆寺石窟的几件残存造像,均属唐代造像,现略述如下:

佛像一身,高0.38米,肩宽0.30米。头已失,残身跏趺于束腰仰莲座上。两臂下垂,手均残,内著僧祇支,裙带作结下垂,外穿褒衣博带袈裟,衣纹圆转流畅。

观音菩萨像一身,上肢残,仅存腹部以下,坐于仰莲圆座上。莲座为八角形束腰叠涩座,高0.50米。菩萨左腿倚座下垂,跣足,下踏一莲花,屈右腿,平放座上。体态自然,衣纹写实。

造像碑,残高0.45米,宽0.65米。佛像居中,跏趺于两力士支撑的束腰方座上。头失,左手下垂,右手举胸前。著褒衣博带袈裟。左右二弟子像,头残,立于莲座上。身躯修长,圆头光,双手合十,披袈裟。左菩萨残失。右菩萨体躯微曲,头残,火焰宝珠头光,上袒下著裙。左手持璎珞,右手下垂,肩搭帔巾,璎珞挂身。

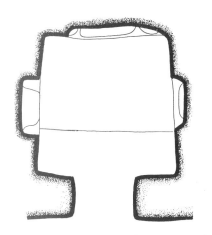

二二　第4窟平面图

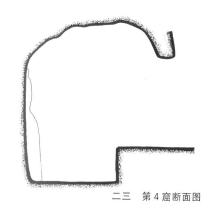

二三　第4窟断面图

二四　第4窟窟顶东侧飞天

二五　第4窟西壁三尊像

二六　第4窟西壁龛楣飞天

（三）　综述

[1]　窟龛形制

甲　中心方柱窟

遍布我国内地的北朝石窟中，多有中心柱窟，这是魏窟中较为流行的一种形式。从云冈、敦煌到响堂山，可以从中看到中心柱窟由中心塔柱向中心方柱发展的趋势。即在形制上由三层或两层、或五层，每层四面各凿一佛龛的楼阁屋檐式中心塔柱，向单层，每层四面或三面（如响堂山）各凿一佛龛的中心方柱发展；从布局上由四方四龛四佛的形式向三方三龛所表示的三世佛的形式演变。简言之，中心柱窟的趋向自北魏至北齐，是由繁杂转而向简化的方向发展。鸿庆寺石窟的中心方柱，既不是云冈、敦煌那种中心塔柱，也不是响堂山那种三面每面只凿一佛龛的中心方柱，而是类似巩县石窟寺中的四面状每面各凿一佛龛或上下两龛、或上下三龛的中心方柱。在中心方柱基座及其上部龛楣的装饰方面，不及云冈中心塔柱上的装饰那样繁华，富于变化，而是类似巩县中心方柱上那种较为简单的装饰。

乙　方形平面平顶、三壁三龛窟

也可简称三壁三龛窟。这种窟的原始形制创于云冈，平面为马蹄形，顶呈覆钵状（或称穹窿顶）。正壁大像占了窟内的最大空间，两壁造像居于次要地位，如云冈的第16～19窟（即昙曜五窟中的四个窟）。到了龙门发展成为以宾阳中洞为代表的新形窟制，平面仍为马蹄形，三壁各造大像一铺，正壁大像后移，窟室扩大，窟顶呈完整的覆钵形，并饰以莲花、飞天等装饰图案。宾阳中洞出色的技巧、有计划的布局，使其成为北魏后期的典型代表。继之这种形制的进一步发展，就产生了龙门的方形平面、三壁"一坛二龛"窟。这种窟形，平面呈正方形，面积较云冈的扩大了，窟顶饰以莲花、飞天，正壁刻一大佛坛，其上造像一铺，左右壁各凿一耳龛，造像一铺。正壁佛坛诸尊较两壁耳龛造像为大，如龙门的魏字洞、皇甫公石窟、普泰洞、药方洞等。此种三壁"一坛二龛"窟形成于北魏后期正光、孝昌年间的龙门，成为龙门魏窟的通制，并影响到渑池（第2、4窟）、巩县（第5窟）、响堂山、天龙山，以及云冈20窟以西迁洛以后北魏晚期的各窟。

丙　龛制

鸿庆寺的各种小龛，共计40个（包括风化、残破的在内）。其中尖拱龛33个，盝形龛4个，帷幕龛3个。

尖拱龛占压倒优势。这种龛制，在龛楣上多饰以七佛，个别龛外刻有简单的龛柱。有的龛柱中部施仰覆莲结以束腰，柱头刻一覆莲，拱端有的饰涡状纹饰，有的施数圈同心圆（如第2、4窟壁面龛）。

盝拱龛和帷幕龛很少。盝形龛楣的梯形格中央刻七佛，左右菱形部分各作一飞天或伎乐人（如第3窟西壁外侧龛，第4窟东壁龛）。也有在盝拱上部刻博山炉和供养人的。帷幕龛楣作一拱梁，两端各刻一龙头，口含流苏饰物下垂,拱梁下系帷幕,拱梁上饰莲花、鳞纹、锯齿纹装饰(如第1窟正壁上方左右侧两龛);有的于拱梁下施鳞纹、锯齿纹之帷幕,拱梁上饰宝珠和飞天、化生童子(如第3窟西壁弥勒龛龛楣)。

[2] 藻井、龛楣、背光装饰

鸿庆寺从现存的两个窟口来看,都不设任何装饰。

窟顶第2、4窟为覆斗形藻井,以莲花作井心,面坡呈梯形状,内施飞天,周饰流云,四周底边饰鳞纹、锯齿纹和垂幔。唯第1、3窟无藻井装饰。

佛像背后饰舟形身光,大部不刻火焰纹。个别佛像的身光也有饰以火焰纹的,中央以莲瓣、同心圆、波状忍冬纹组成的头光作装饰,头光与身光之间施几道并行弧线纹。弟子皆为圆头光,菩萨均施火焰宝珠光,但弟子和菩萨头光皆不施刻任何纹样。

尖拱龛楣多饰七佛,拱端有的刻几圈同心圆,有的刻涡纹。大部龛无龛柱,个别龛柱中部施以仰覆莲结以束腰,柱头施覆莲。盝拱龛楣的中央梯形格内刻七佛,左右菱形部分作飞天或伎乐。帷幕龛楣施拱梁,两端刻龙头,口衔流苏。梁上刻宝珠、飞天、化生童子,梁下饰鳞纹、锯齿纹帷幕。

[3] 造像配置和题材

甲 造像配置

鸿庆寺各种造像共39铺,其造像配置的形式分为四种:一佛之龛12个;一菩萨之龛3个;一佛、二菩萨之龛18个;一佛、二弟子、二菩萨之龛6个。我们注意到,首先是三尊像的形式几乎占了一半,这说明鸿庆寺造像的配置,大部还保持着北魏前期云冈的三尊造像的格局。其次是一尊佛像的形式约占1/3,五尊像的形式占1/6。这是承袭龙门永平、延昌以来极为流行的一种形式,也是鸿庆寺主要大龛造像配置的基本形式。

乙 造像题材

鸿庆寺在造像方面,以释迦牟尼像为最多,这说明当时社会信仰以释迦牟尼佛者居多。因此,多以此作为本尊造像。其次是三世佛(如第2、3、4窟之三壁造像),这是继承云冈、龙门的形式。再其次是,阿弥陀佛及释迦、多宝像各具一例。

在佛传故事方面,至少残存有三幅:即犍陟辞还、鹿野苑初转法轮和降魔变图。这类佛传题材,在敦煌、云冈等石窟中经常见到,在龙门尚能部分见到,而到鸿庆寺石窟已近尾声。自此以后,北魏末期的巩县石窟寺,已不再出现。鸿庆寺和巩县石窟寺位于龙门东、西两方,相距龙门仅百里之近,但一者只承其绪余,一者已泯灭不见,这说明佛传故事图像,自龙门开始已走向衰落。

[4] 造像特征

甲 服饰

鸿庆寺佛像,不论坐式或立式,皆著宽袍大袖式的袈裟,披肩和胸侧之衣纹呈垂直平行线状,内著僧祇支和长裙,裙带作结,下垂较长。立佛袈裟前襟甩搭左肘上,坐佛垂裙遮盖佛坛,衣纹呈羊肠状褶褶。鸿庆寺佛像的服饰与龙门大致相同。

菩萨大都戴花冠或发髻冠,冠旁宝缯向外平伸如翅,然后下垂。发长垂肩,颈中有项饰。有的袒上身,有的斜披一物,皆著长裙和帔巾。肩披自肩部下垂,至腿间交叉,多穿之一璧,然后转角上折搭于肘上,再向外飘下。鸿庆寺菩萨之服饰与龙门后期大致相同,唯两臂不戴钏、不饰璎珞。

乙　造像特征

鸿庆寺石窟残破,风化严重,多数造像缺头少臂。就现存的造像来看,主尊佛像的一般特征是:面相较方平,肩较宽,但肩端略削窄,胸部较突出,龙门那种秀骨清像,俨若南朝文士风貌的仪容,这里已见不到,造像大多缺少生气。

菩萨造像面形略长,而趋方平,两肩削窄,身躯修长。虽然尚存龙门那种神情潇洒的遗风,但已失去龙门那种眉目疏朗、凝眸若笑的韵味。其服饰基本保持龙门后期魏字洞、皇甫公石窟、莲花洞、普泰洞、路洞流行的式样。

飞天不若龙门瘦长,而是身躯短小,趋于浑圆,似有重坠之感。高发髻,长裙,不露足。飘带于头后围成圆圈,然后绕过肩前而穿于腋下,由臂后再绕到头后方飘舞着。鸿庆寺的飞天已失去龙门流行的式样,与巩县飞天具有较似的风格。

(四)　结语

北魏自迁都洛阳后,由于孝文帝改制以及南朝"秀骨清像"一派画风的传入,使北方石窟艺术发生了巨大的变化。这时佛教艺术,在继承北魏前期云冈作风基础上,有了与过去不同的发展,风格比较活泼,生活气息渐渐加强。随着政治、经济和文化中心转移到中原洛阳,龙门石窟开始出现了身躯修长、两肩削窄,面貌清瘦、眉目疏朗的造像,宽袍大袖式的"褒衣博带"服饰,反映了孝文帝改制后的进一步汉化的政策,这种"秀骨清像"的风格,俨若南朝文人雅士之风貌。以龙门石窟古阳洞、宾阳中洞等为代表的北魏后期作品,是北魏后期风行全国的瘦削型"秀骨清像"的典型代表,具有时代特征。

到了北魏后期,龙门石窟出现的这种中原风格,又逐渐影响到龙门附近地区的石窟。如北魏晚期开凿的偃师县水泉石窟、宜阳县虎头寺石窟、嵩县铺沟石窟、巩县石窟寺、渑池县鸿庆寺石窟等。这些石窟古代均属洛阳地区,其年代不晚于东魏,都是继龙门之后陆续开凿的,因此,它的艺术风格同龙门是一脉相承的,只是在规模、艺术成就和其完整程度上,有逊于龙门而已。这次披露的鸿庆寺石窟,不妨说是对龙门北朝晚期石窟的一个补充,它的地位是不言而喻的。

龙门石窟北朝主要洞窟总叙

李文生

一、宾阳北洞

宾阳北洞、中洞和南洞三窟合为一组。

北洞于北魏宣武帝永平元年至孝明帝正光四年(公元508年~523年)之间开凿①,未竣工。窟内正壁大像、前壁天王像及正壁龛像等均为唐初雕凿。

平面前部呈长方形,后部为椭圆形,窟顶呈穹窿形。高10米,宽9.73米,深9.50米。

窟外南壁门侧崩坍,窟楣浅刻尖形大拱,北半部崩毁,饰以火焰纹,中央刻一葫芦状纹饰。拱梁凿作龙身,呈圆拱状,上刻一并行弧圈,拱端施反顾龙头。此为北魏原作。门高6.30米,宽3.55米,进深1.65米。

注释:

① 《魏书·释老志》所云:"永平中(公元508年~512年),中尹刘腾奏为世宗复造石窟一"。根据考察,即为宾阳北洞。是窟始凿应自永平元年起。

二、宾阳中洞

北魏宣武帝正始二年至孝明帝正光四年(公元505年~523年)之间完工②。

平面作马蹄形,顶呈穹窿形。高9.3米,宽11.40米,深9.85米。

窟口外上壁浅刻尖形大拱,北下部残毁。拱楣刻火焰纹,中央一兽头依稀可见,拱梁凿作龙身,呈圆拱状。梁上刻一并行弧圈,施以忍冬纹。拱端施反顾龙头,龙爪下似刻须弥山。龙头下、窟口外侧依岩各雕一石柱,通高5.2米。现存南侧柱头,高约1.52米,类希腊爱奥尼亚式③。左右柱头外侧各雕一屋

脊形龛,内设力士像一身。南力士存残躯,北力士较完好,上身斜向窟门,左手贴腰握金刚杵,右手展掌置胸前。竖眉瞪目,神情紧张有力。颈短,唇薄,上齿外露。头戴筒冠,上身袒露,下著战裙,身披飘带。门高6.90米,宽3.74米,进深2.20米。

窟门通道顶并刻两朵莲花。左右拱壁各雕浮雕三层。北壁上层飞天一身,中层供养菩萨像二身,下层雕帝释天。身躯大部残毁,高3.08米,尚能窥其一头四臂。头戴骷髅火焰冠,身披璎珞。左上手持独股金刚杵,左下手握白拂;右上手执三股金刚杵,右下手残毁。南壁上层飞天一身,中层供养菩萨像二身,下层雕大梵天。高3.08米,四头四臂。下穿战裙,身披飘带璎珞。左上手执三股金刚杵,左下手提桃状法器;右上手握独股金刚杵,右下手握剑。通道造像皆系北魏帝室营造宾阳洞时所雕④。

窟顶藻井浮雕莲花,莲瓣瘦尖,周绕二身供养天,八身伎乐天,其间饰以涡云、流云和植物图案,外饰莲瓣一匝,最外刻钱纹、鳞纹、锯齿纹和垂幔。

窟底平面凿作马蹄形,沿正壁及南北左右两壁向下稍凹,因而中、前部呈方形。中央东西向为一参道,浮雕龟甲纹,两侧施以联珠纹、莲瓣纹。次外两边各雕两朵大莲花,一前一后,共四朵。莲花为两层,中间饰联珠纹。四周并以莲瓣为饰。窟内其余地面刻流水涡纹,中有水禽及游泳人物。宾阳中洞窟底装饰图案繁缛华丽。

正壁圆雕造像一铺五尊。主像释迦牟尼居中,跏趺于须弥座上。坐像高6.45米,肩宽3.30米,胸厚1.20米。座高3.70米,宽3.45米,深1.85米。头上雕高肉髻,刻波状纹。面容稍长,额广颐窄,眉目疏朗,鼻高而短,嘴唇上翻,嘴角微翘,微露笑意。颈长而细,肩削窄,胸平。左手展掌平伸下垂,掌心向前;右手展掌伸五指举胸前,手心向前。身体各部比例适当。内著僧祇支,裙带作结下垂,外披褒衣博带袈裟,襟搭左肘上。肩部、胸侧和手臂上的衣纹呈阶梯并行线,衣裙前垂覆盖佛座,臂褶呈羊肠状,这些都是北魏后期龙门佛装的通式。佛身后为舟形火焰纹,大背光,直达窟顶。圆形头光,内层饰覆莲瓣一匝,中层施三道同心圆,外层刻波状忍冬纹一圈。身光与头光间饰以并行弧线和莲枝纹,枝上刻天人。本尊身光和头光为龙门北魏后期的典型作品。释迦

座前左右各卧一狮。

迦叶居佛之左，深目高鼻，身著袈裟，双手合十，表情持重。其外侧菩萨像，身躯修长，左手提桃状物，右手持莲蕾举胸前。上袒，下著裙，身披璎珞，帔巾。火焰宝珠头光，内层饰同心圆，外层施火焰纹。阿难居佛之右，双手持物置胸前，身披袈裟，神态虔诚。其外侧菩萨像，体态、服饰皆同于左侧者。

南北侧壁皆为一铺三尊圆雕像。立像居中，身著褒衣博带袈裟，内穿僧祇支。左手平伸置腹侧，右手举胸前。左右胁侍菩萨像不披璎珞，其余服饰皆同正壁菩萨像。佛和菩萨皆立于覆莲座上，佛之背光、菩萨之头光纹饰皆与正壁同。

前壁窟口两侧，自上至下为四层大型浮雕：第一层维摩诘经变故事，其南为维摩，其北为文殊；第二层佛本生故事，其北为萨埵那太子舍身饲虎，其南为须大拏太子施舍；第三层帝后礼佛图，其北为皇帝礼佛图，其南为皇后礼佛图；第四层十神王像，左右各有五身。

窟外左侧摩崖刻一碑⑤，龟趺坐，螭首。碑面已龟裂，额上篆刻"伊阙佛龛之碑"六字。碑高4.86米，宽1.92米，全文约一千八百余字。此碑系唐太宗第四子魏王李泰为其亡母文德皇后长孙氏造像的发愿文。据《集古录》、《金石录》载，碑文刻于唐贞观十五年(公元641年)，中书舍人岑文本撰文，起居郎褚遂良书丹。此碑原系北魏时凿。

注释：

②、⑥ 景明初所营造之二窟，至正始二年(公元505年)以后，由于王质奏求下移至今之宾阳中洞和南洞处，所以这两个洞的创建年代，应始于正始二年为宜。

③、④ 李文生：《龙门石窟的新发现及其它》，《文物》一九八〇年第一期。

⑤ 首先，此碑上方有屋脊形雕饰，其与龙门皇甫公窟唐字洞等北魏窟檐相同，说明碑檐始凿于北魏。其次，宾阳中洞外方南力士像的裙带衣角已雕入此碑的龟趺下，说明龟趺的雕刻年代不晚于力士像，当在营建宾阳中洞即北魏正始二年至正光四年之间(公元505～523年)。再其次，此碑的碑额略方，螭首瘦劲，这是唐代以前碑额的特征。但此碑在北魏时是否刻文，现难以确定。

三、宾阳南洞

北魏宣武帝正始二年至孝明帝正光四年(公元505～523年)⑥完成洞窟及窟顶藻井部分。正壁大像及四壁龛像为隋唐时雕凿。

平面略呈方形，后部稍呈椭圆形，顶呈穹窿形。高9.85米，宽8.72米，深8.18米。

外壁窟额及北侧窟口崩坍。门高6.44米，宽3.58米，深1.32米。

窟顶浮雕两层莲花，周围环绕伎乐飞天八身，外层饰以钱纹、鳞纹、锯齿纹帷幔。

窟内大小造像均为隋唐续雕。

四、汴州洞⑦

约北魏晚期开凿。窟檐和窟内北壁龛像雕凿于北魏晚期，窟内正壁和南壁龛像约东魏末雕凿。

平面略呈马蹄形。正壁及南壁设通连佛坛，窟顶穹窿形。高1.27米，宽1.50米，深1.30米。

窟口外凿作仿木屋檐形，正中起脊，中央刻金翅鸟，两端鸱尾翘起，坡有瓦垄，檐下凿椽。窟口两侧各一力士像。左力士已失，右力士左手举胸前，右手攥拳下垂。发竖立，上袒，披飘带，下著长裙，赤足。门高1.05米，宽0.76米，深0.26米。

窟顶无雕饰。

窟底为马蹄形，中央有一坑。

正壁作一佛坛，佛坛正面中央刻一博山炉，两侧各施一狮。坛上造像一铺五尊，主像居中，跏趺于坛上。头残，宽肩，胸腹较突出。左手平伸胸前，右手举胸前。内著僧祇支，外披褒衣博带袈裟，襟搭左肘上，肩部衣纹呈垂直平行线。头光内层饰莲瓣一匝，外层刻一圆环。背光舟形，内施并行弧线，外无纹饰。左右弟子头皆残，赤足立于佛坛上。圆头光，宽肩，双手持物合十。披袈裟，衣纹呈双阴线，中间加一突起线条。左右菩萨皆肥短粗壮，宽肩。左手皆持莲蕾举胸前,右手皆下垂。宝缯垂肩,上袒下著裙。肩搭帔巾,于腹部交叉。衣纹呈阴线,头为火焰宝珠光。

北壁为一盝拱龛,拱楣作梯形状,中央刻三佛,两端菱形格内各施一化生童子,再外左右格内各刻二坐佛,拱下悬帷幔。龛门两侧各刻一力士像,面向内,高髻。上袒,披飘带,下著长裙。盝龛下壁中央刻一博山炉,下刻覆莲,两侧各刻一比丘,再外各一狮。龛内造像一铺五尊,佛居中跏趺坐,头残,宽肩。左手置腹前,右手举胸前。内著僧祇支,外披褒衣博带袈裟,襟搭左肘上,垂摆前压佛坛,臂褶呈羊肠纹。左右弟子头部皆残,圆头光。左弟子双手持物合十,右弟子双手合十,皆著袈裟。左右菩萨头部皆残,火焰宝珠头光。上袒,下著长裙,帔帛于腹部交叉。左菩萨双手持物置胸前,右菩萨双手合十。

盝拱龛外内侧上下各有戴笼冠、著袍服的供养人一身,其后各有束双髻、身著交领、手持华盖的侍女一身。

南壁作一佛坛,佛坛前中央刻一莲花,两侧各施一狮。坛上造像一铺三尊像,主像弥勒居中,右腿斜伸,左腿盘起,不露足,坐于方座上。头残,宽肩,胸腹厚。左手伸五指握襟置左膝,右手展掌伸五指举胸前。内著僧祇支,外披袈裟,衣纹稀疏。头光内饰莲瓣一匝,外刻一圆圈。舟形背光,内刻并行弧线,外无雕饰。左右菩萨赤足立于佛坛上,头圆身肥,火焰宝珠头光。上袒,下著长裙,披巾宽大不露胸。左菩萨双手持物于胸前,右菩萨左手持莲蕾举胸前,右手握带下垂。

前壁北侧一龛,造像一铺三身,立佛居中,左右弟子侍立。南侧一盝顶龛,造像一铺三尊,立佛居中,左右各一弟子。

注释

⑦ 汴州洞,位于惠简洞北下方。因窟内北壁上方刻有"汴州张丘造像五躯",故名。

五、慈 香 洞

北魏孝明帝神龟三年(公元520年)造。

平面呈马蹄形,三壁设坛,窟顶穹窿形。高1.70米,宽2.00米,深2.20米。

外壁无雕饰。窟门高约1.50米,宽0.86米,深0.36米。

窟顶刻莲花,周绕六身供养天人。

正壁设佛坛,坛高0.26米,长1.80米,厚0.24米。佛坛正面两端各刻一狮。坛上造像一铺五尊,主像释迦牟尼居中跏趺坛上。像高0.82米,肩宽0.30米,胸厚0.16米。头残,上身扁平,向前俯视,双手前后相并置足上,作禅定印。内著僧祇支,外披褒衣博带袈裟,衣锯垂压佛坛,襟搭左肘上。头光内饰莲瓣一匝,外刻同心圆。舟形身光,内层环刻七佛,外饰火焰纹。二弟子像披袈裟立于圆座上,身躯修长,头略小,双手合十,圆头光。左菩萨跣足立于圆座上,头残,左手下垂,右手举胸前。上袒,下著裙,帔巾于腹部穿一壁,圆头光。右菩萨赤足立于圆座上,左手持莲蕾举胸前,右手持物下垂,花冠,肩披帔帛于腹部穿壁,圆头光。

正壁上部刻维摩文殊故事像。

北壁设佛坛,坛正面两端各施一狮。坛上造像一铺五尊,主像居中跏趺坛上。头残,左手置腹侧,右手展掌举胸前。外披袈裟,襟搭左肘上,衣裙下垂压佛坛。二弟子像身躯修长,披袈裟,赤足立于圆座上,襟搭左肘,双手合十,火焰宝珠头光。二菩萨像身躯修长,赤足立于圆座上,尖项饰,上袒,下著裙,帔巾于腹部穿壁,火焰宝珠头光。左菩萨左手提桃形物,右手持莲蕾举胸前。右菩萨左手持莲蕾举胸前,右手拿宝珠下垂。

南壁佛坛正面两端各刻一狮,坛上造像一铺五尊。主像弥勒居中交脚坐于佛坛上,头残,宽肩,细腰。左手置左膝,右手展掌伸五指举胸前。上袒,下著裙,尖项饰,帔帛交于腹部。头光内刻同心圆,外刻圆环,上饰七佛。舟形火焰纹身光。二弟子像赤足立于佛坛上,身躯修长,披袈裟,双手合十。左菩萨像赤足立于佛坛上,头残,左手提桃形物下垂,右手持莲蕾举胸前。上袒,下著裙,尖项饰,帔巾于腹部穿一壁,圆形头光。右菩萨像头残,左手举胸前,右手持宝珠下垂,帔巾于腹部相交。余同左菩萨。

前壁上部刻方形格,格内各置一小坐佛。

六、莲花洞

北魏孝明帝正光二年(公元521年)前开窟,并营造正壁大像、弟子和左右壁二胁侍菩萨像。

平面略呈长方形,穹窿顶略呈椭圆形。高5.9米,宽6.22米,深9.78米。

外壁窟口门楣为浅雕火焰纹尖拱形,中央刻一铺首形象,拱梁刻一龙,拱端刻龙头。窟门外北侧,因岩石多溶洞、溶孔可能未有雕刻。南侧雕力士像,头残,左手展掌置胸前,右手残,似执一金刚杵。上袒,下著裙,肩披飘带,交于腹部并穿一璧。门高4.60米,宽4.65米,厚0.80米。

窟顶作一朵高浮雕大莲花,直径3.60米,厚0.35米。中央凿出莲房,绕以花蕊,以下依次为小莲瓣一周,大莲瓣一圈,单叶忍冬纹一匝。莲花南北两侧各雕供养天三身,面朝洞内方向飞舞。飞天身躯修长,面容清瘦,长颈,戴尖项饰。肩上饰圆状物,上袒,下著长裙,不露足。天衣飘扬。飞天之间饰以忍冬、飞云纹饰。莲花洞顶之雕饰,为龙门北魏洞窟中的佳作。

正壁三身像,主像释迦牟尼居中,跣足,立于覆莲座上。高5.1米,肩宽1.5米,胸厚0.5米。面部、足部及莲座全残损,肩削窄,颈直,胸平,两手残。内著僧祇支,裙带于胸前作结下垂,外披褒衣博带袈裟,襟搭左肘上,衣纹稀疏,呈阶梯状。舟形身光,尖端直达窟顶莲花边缘,内、外层饰以火焰纹。中刻并行弧线。头光内刻莲瓣一匝,外饰同心圆。右侧一身迦叶像,高浮雕,跣足,立于覆莲座上。头残,左手置胸前,右手向前平伸握锡杖,外披袈裟。头光为火焰宝珠形,内刻同心圆,中饰波状忍冬纹,外刻火焰纹。左侧一身阿难像,高浮雕,跣足,立于莲座上。头残,左手执莲蕾置胸前,右手似举胸前,身披袈裟。头光为火焰宝珠形,内饰莲瓣一匝,中刻波状忍冬纹,外刻火焰纹。

北壁内侧刻一菩萨像,头残。左手提桃形物置腹侧,右手握一莲瓣状物举胸前。戴花冠,冠带平伸两侧如翅,宝缯下垂至肩。肩上有圆状饰物,璎珞与帔巾自肩下垂于腹部交叉。小腿以下至莲座残毁。头光火焰宝珠形,内层刻同心圆,中饰忍冬纹,外施火焰纹。

此壁密布小龛造像,其中较大者有五个龛。小龛有尖拱、屋形、盝形等种类。其中以北魏孝昌三年(公元527年)雕造的宋景妃龛可作代表。该龛在北壁内侧下方,系一尖拱形龛。龛楣刻七佛,其外各刻一化生童子像。拱端刻反顾龙头,外侧各刻一供养菩萨像。龛楣上方悬天幕,拱端上角刻维摩文殊像。龛门外两侧各刻一屋脊形龛,内设力士像一身。龛内造像一铺五尊,释迦居中,跏趺佛坛上。高肉髻,面略长,残破,颈细直,肩削窄。左手下垂置腹侧,右手举胸前(已残)。内著僧祇支,裙带下垂,外披褒衣博带袈裟,披肩衣纹垂直并行,下裳垂压佛坛,衣褶稠密,呈羊肠状纹。二弟子像和二胁侍像皆跣足,分列两侧。佛坛正面两端各刻一狮,相背蹲卧,姿态与魏字洞佛坛之狮相似。

南壁内侧刻一菩萨像,头残,跣足,立于覆莲座上。左手下垂(已残),右手持莲蕾举胸前。冠上宝缯下垂至肩,肩有圆饰物,帔帛和璎珞自肩下垂至腹部,十字交叉穿璧,上袒,下著长裙。火焰宝珠头光,内刻莲瓣一匝,中饰波状忍冬纹,外刻火焰纹。

此壁大小佛龛密如蜂房,均为北魏后期具有代表性的龛制和造像,其中以下层东起第一、二龛最具代表性。以第二龛例:龛楣呈尖拱状,上饰飞天、伎乐、流云、天花。拱端刻龙头,口衔莲花,昂首向上。龛楣上角施刻维摩文殊。龛门两侧各刻一屋脊形龛,内设力士像一身。龛内造像一铺,为一佛、二弟子、二菩萨像。龛内两侧,各浮雕佛传故事一幅。其内侧为:一菩萨背倚菩提树,坐于束腰圆座上。菩萨像身躯修长,面长,颈细,左手伸二指伸向鼻前方,右手下垂置左足上。右腿倚座下垂,左腿屈置右腿上。头戴花瓣冠,宝缯下垂,肩上有圆状饰物,尖项饰,上袒,下著长裙。此像前方站立四人,前一人身躯修长,面容清瘦,头带笼冠,身著大袖宽袍,双手捧一圆状物作供养状。后一人头戴笼冠,身著交领大袖宽袍,手持华盖。后二人身躯瘦高,头戴小冠,穿短袍,高靿靴。一人持羽葆,一人持钺。上方刻一飞天。其外侧为:一菩萨右手伸二指指向鼻前方,其余服饰、仪态皆同右侧菩萨像。菩萨像前方站立五人,前一人似帝王装,头戴冠,身著褒衣博带服装,双手合十。后四人为仪仗行列,手持华盖、幡和羽葆等,其体态、服饰皆同右侧仪仗。上方也刻一身态优美的飞天。

此壁外侧刻一蟠龙碑,类似莲花洞之营造碑,碑上布满北齐至唐代的大小造像。

莲花洞石刻佛经三部,一部为《佛顶尊胜陀罗尼经》,位于窟外北壁上方的崖壁,为唐如意元年(公元692年)佛弟子史延福敬刻。到明代隆庆年间(公元1567～1572年),河南巡抚赵岩于其上刻"伊阙"二字,毁掉部分经文。另两部为《般若波罗密多心经》,位于窟内北壁上方。其中一经为北魏刊刻,另一为唐久视元年(公元700年)皇甫元亨所书。

窟内壁面现存北朝题记,其中有纪年的有:北魏正光二年(公元521年)、六年,孝昌元年(公元525年)、三年,武泰元年(公元528年),建义元年(公元528年),建明二年(公元531年),普泰二年(公元532年),太昌元年(公元532)年,永熙二年(公元533年)、三年;北齐天保八年(公元557年),武平元年(公元570年)、六年等。此外,还有唐代及后梁的纪年铭记。

七、 弥勒洞北二洞⑧

北魏孝明帝时期(公元516～528年)建造。

平面中部前呈长方形,三面设佛坛,窟顶穹窿形。高1.64米,宽1.45米,深1.20米。

外壁窟口及窟楣崩坍。

窟顶刻莲花,周围环以四身伎乐天,一持箜篌,一拿长鼓,一吹笛,一弹琵琶。其中一伎乐天残毁。

正壁佛坛高0.50米,长1.37米,厚0.30米。坛正面两端各刻一狮,坛上造像一铺五尊。主像释迦牟尼居中结跏趺坐,像高1米,肩宽0.41米,胸厚0.15米。头残,窄肩,左手置腹侧,右手举胸前。内著僧祇支,外披袈裟,襟搭左肘上,衣裙下垂压佛坛,衣纹呈阶梯状。头光内层饰莲花,中层刻圆弧,外层饰同心圆。身光中层刻并行弧线,内、外层刻火焰纹。左右弟子像披袈裟,赤足立于佛坛上。身躯修长,头较

小,双手合十。阿难头残。左菩萨像立于佛坛上,头漫漶,火焰宝珠光,长发垂肩。左手置腹侧,右手执莲蕾举胸前。尖项饰,上袒,下著裙,帔帛交于腹部。右菩萨像,头残。左手持莲蕾举胸前,右手置腹侧,余同左菩萨。正壁上半部岩面刻维摩诘经变故事,其北为维摩像,其南为文殊像。

北壁佛坛造像一铺三尊,立佛居中,头残。左手置腹侧,右手举胸前。内著僧祇支,带结下垂,外穿褒衣博带袈裟,襟搭左肘上。头光内层刻圆环,中饰莲瓣一匝,外刻数个同心圆。身光内、外层饰火焰纹,中层刻并行弧线。左菩萨因岩壁崩坍不存。右菩萨像头略长,身躯修长,左手置胸前,右手置腹侧,肩挂帔巾,火焰宝珠头光。

南壁造像同于北壁,唯右菩萨之左手置于腹侧,右手持莲蕾举胸前。

窟内正壁造像尚存红、桔红、绿、土黄等原色。

注释

⑧ 弥勒洞北二洞,位于石牛溪北,南邻弥勒洞北一洞

八、 弥勒洞北一洞⑨

北魏孝明帝时期(公元516～528年)建造。

窟底中部前呈长方形,正壁设佛坛,窟顶微曲。高1.55米,宽1.43米,深1.48米。

外壁窟楣为尖拱形,浮雕波状单叶忍冬纹。拱梁刻龙,拱端龙头反顾,门侧左右各刻一方框,内设一力士像。门高1.20米,宽0.94米,深0.22米。

窟顶为一高浮雕莲花,周围绕以四个供养天人,一对内向,另一对外向。

正壁佛坛造像一铺五尊。主佛结跏趺坐。坛高0.30米,宽1.30米,深0.33米。像高1.04米,肩宽0.40米,胸厚0.18米。面修长,头俯视,细颈,窄肩。左手展掌置腹前,右手伸五指举胸前。内著僧祇支,带结下垂,外披褒衣博带袈裟,襟搭左肘上。衣裙前垂压佛坛,褶纹稠密呈羊肠纹。头光刻同心圆。身光达窟顶,内刻并行弧线,外饰火焰纹。左右弟子像头小,身躯修长,跣足,立于佛坛上。双手合十,披袈

裟,圆头光。二菩萨像被盗,残存火焰宝珠光。正壁上方雕维摩诘经变故事。

北壁造像一铺三尊。主像居中,立于覆莲座上。头残,身躯修长。窄肩。左手置腹侧,右手举胸前。内著僧祇支,带结下垂,外披袈裟。头光刻同心圆,身光内饰并行弧线,外刻火焰纹。二菩萨像赤足,立于莲座上。左菩萨漫漶,右菩萨头残。发垂肩,肩上有圆饰物,尖项饰。左手举胸前,右手置腹侧。上袒,下著裙,帔帛交于腹部。有圆头光。

南壁造像同于北壁,左菩萨像被盗。

注释

⑨ 弥勒洞北一洞,位于石牛溪北,南邻弥勒洞,北邻弥勒洞北二洞。

九、 弥勒洞⑩

北魏孝明帝时期(公元516～528年)建造。

平面呈马蹄形,前部呈长方形,正壁设佛坛,窟顶微曲。高2.51米,宽2.90米,深3米。

外壁窟口及门楣崩坍,南力士像立于莲座上,已漫漶。门高1.23米,宽0.90米,深0.23米。

窟顶长方形,无纹饰。

正壁佛坛高0.28米,宽1.08米,厚0.19米。坛上造像一铺五尊。坐佛为菩萨装的交脚弥勒像,像高0.72米,肩宽0.30米,胸厚0.15米。头残。左手展掌向上置左膝,右手举胸前。宽肩,上有圆饰物,尖项饰,帔巾于腹部相交穿一璧。上袒,下著裙,腰部折出褶纹,腿间衣纹呈波状。二弟子像披袈裟,跣足,立于佛坛上。头均残,双手合十。二菩萨像身躯粗壮,宽肩,上袒,下著裙,帔帛于腹部相交。左菩萨左手提瓶,右手持莲举胸前。右菩萨左手下垂置腹侧,右手持有柄圆物和莲花举于右肩上。

南北壁皆刻一立佛,头残,身躯修长。左手展掌置腹侧,右手展掌伸五指举胸前。内著僧祇支,外披袈裟。皆刻圆头光。

北壁上部刻男供养人六身,笼冠,袍服,高头履,手执莲花,面向内。

南壁上部刻供养人七身。前一人为一比丘作导

引,后一人是贵妇人装束,最后五人皆为侍从。一人曳衣,一人擎华盖,一人持羽葆。其右二人著交领短衣,窄袖高裙。一人举莲花,另一人举莲蕾。

注释

⑩ 弥勒洞,位于石牛溪北,北邻弥勒洞北一洞。因窟内主像为弥勒,故名。

一〇、 普泰洞⑪

北魏节闵帝普泰元年(公元531年)前开窟并建造正壁佛坛诸像,继而造左、右壁大龛像。

平面中部前呈方形,正壁设佛坛,南北壁各刻一大龛,窟顶微曲。高3.15米,宽5.14米,深4.93米。

外壁窟口崩坍。从遗存看,为一浅雕火焰纹尖拱楣。北侧尚存未完成的力士像的崖壁轮廓,南侧力士像已剥蚀。力士左手展掌置胸前,右手持圆物下垂。门高1.67米,宽1.15米,深0.80米。

窟顶中央高浮雕三层圆环,两侧粗雕飞天二身。

正壁佛坛,高0.73米,宽3.30米,深0.90米。坛上造像一铺五尊。主像释迦牟尼居中,跏趺于坛上。高肉髻,面容稍长,窄肩,双手已佚。内著僧祇支,裙带作结下垂,外披褒衣博带袈裟,襟搭左肘上。下裳遮压佛坛,衣褶呈垂直并行线纹。背光呈舟形,未施纹饰。二弟子像皆跣足,立于覆莲座上。面略长,披袈裟,前襟搭左肘上。圆头光,无雕饰。迦叶左手提一物下垂,右手持莲蕾举胸前。阿难双手合十持一物。二胁侍菩萨像皆赤足,立于覆莲座上。面相稍长,头戴花冠,宝缯下垂至肩。窄肩,尖项饰。上袒,下著裙,裙摆向外敞开,帔巾于腹部交叉穿璧。火焰宝珠头光,无纹饰。观音像左手持宝瓶置腹前,右手持物举胸前。大势至像左手持莲蕾举胸前,右手提宝珠状物置腹部。宝珠形头光,无纹饰。

南壁中央刻一叠拱帷幕大龛,周雕小龛。叠拱外上方悬帷幕,中央刻一兽头,下刻千佛。梯形格中央刻十方佛,中刻宝珠,两侧各雕四身供养菩萨跪像,下刻七佛。拱端上方各雕二身飞天,下方为化生童子。菱形格外上方雕维摩诘,下方被盗凿,根据北

壁布局,可能也各雕一思维菩萨像。拱下悬挂帷幕和串珠。龛外下部内侧刻一力士像,已漫漶。外侧无力士。

龛顶呈穹窿形,无雕饰。平面略呈马蹄形,三壁设低坛。正面佛坛造像一铺五尊,主像居中,头为后代重塑。左手置左膝,右手举胸前。内著僧祇支,裙带作结下垂,外披褒衣博带袈裟,垂裙压佛坛。二弟子像披袈裟,皆赤足,立于圆座上。迦叶手残,阿难双手于胸前合十。二菩萨像皆跣足。立于两侧佛坛上。颈置项饰,帔巾交叉于腹部,上袒下著裙。左菩萨左手持帔巾下垂,右手举胸前(已残)。右菩萨头残,左手持飘带下垂,右手举胸前。

龛门内侧各雕一狮,相对而卧。左狮已失。

北壁中央亦雕一盝拱帷幕大龛,周围遍刻小龛。大龛形制、龛内设施及造像配置除主像胸前无带结下垂装饰及无力士外,其他皆同于北壁。

窟内小龛造像较多,大多为魏龛。其中有纪年铭的有:北魏普泰元年(公元531年)比丘尼道慧、法盛造观音菩萨记,东魏天平四年(公元537年)比丘尼道□造像记。也有唐代信士的造像及铭记。

注释

⑪ 普泰洞,原名"十四窟"。因窟内正壁北侧有该窟现存最早的铭记:"普泰元年比丘尼道慧法盛造观音菩萨记",故名。

一一、 赵 客 师 洞

此窟系北魏晚期开凿⑫,唐高宗显庆年间(公元656～661年),续修内部,重新开龛造像。

平面中部前呈方形,正壁设佛坛,穹窿形顶。高2.80米,宽3.80米,深3.60米。

窟口外壁窟楣为火焰纹尖拱形,门两侧尚存未刻的力士像石胎。门高1.75米,宽1.32米,深0.22米。

洞内除前壁右侧的北魏永熙二年(公元533年)小像龛外,其余大像及小龛均系唐显庆年间及其后所雕造。

注释

⑫ 根据赵客师洞窟内前壁南侧的北魏永熙二年(公元533年)七月十日清信士佛弟子阳烈樊道德造释迦佛铭,推断此窟建于北魏晚期。

一二、 弥 勒 龛⑬

北魏孝文帝太和末期(约公元493～499年)雕造。

龛前部崩毁。高2.7米,宽1.65米,残深0.5米

龛内造像一铺三尊。主像交脚弥勒菩萨坐于狮子座上,头残,身躯风化剥蚀。肩削窄。左手下垂,右手平伸五指举胸前。宝缯伸向外上方如翅,上袒,下著裙,帔帛交叉于腹前。左菩萨残毁。右菩萨头残,身躯较高,大体完好。左手举胸前,右手持净瓶下垂。臂戴钏,手穿镯。

弥勒像身后为舟形身光,中央施头光。头光纹饰自内至外为:莲瓣一匝,佛像一圈(十个跏趺坐,作禅定印),飞天一周,葡萄忍冬纹半圈(上半部)。背光外缘饰火焰纹,其间以联珠纹相隔。背光上部、火焰纹外刻伎乐天,手持笙、笛、琵琶、长鼓等。伎乐身躯丰腴,下肢短小。上袒,下著短裙,身披宽带,绕体飞舞。周饰忍冬纹,同古阳洞两壁上层列龛的飞天相似。

注释

⑬ 弥勒龛,位于破窑与魏字洞之间,是摩崖浅龛,因主像为弥勒,故名。

一三、 魏 字 洞

北魏孝明帝正光四年(公元523年)以前开窟并造正壁佛坛诸像,继而造两壁大龛像。

平面呈长方形,正壁设佛坛,南北壁各刻一大龛,窟顶微曲。高4.30米,宽5.70米,深4.35米。

窟口外壁崖石剥落崩坍,窟额毁,仅存二力士

像。北力士尚能窥其轮廓,南力士仅存残迹。门高2.50米,宽1.87米,深0.65米。

窟顶浮雕莲花,中央作莲房,并绕以单瓣莲,次外饰以单叶忍冬纹带,最外刻重层复瓣莲一匝。左右各刻两身飞天,身躯修长,肩削窄,细腰。上袒,下著长裙,不露足。面朝洞内。飞天之间饰以忍冬、流云纹。窟顶雕饰优美华丽。

正壁佛坛高0.95米,宽3.92米,深1.05米。坛上造像一铺五尊。释迦居中,结跏趺坐,高肉髻,面略长,肩削窄。左手展掌伸五指仰置腹前,右手残,似举胸前。内著僧祇支,裙带作结下垂,外披褒衣博带袈裟。胸侧和肩披衣纹呈垂直平行线,衣裙前遮佛坛,褶襞呈羊肠状纹饰。舟形背光,直达窟顶。中央为圆形头光,自内至外为莲瓣一匝、光芒一周、同心圆六圈、忍冬纹一周。头光与身光间之三角区域,饰以莲瓣、并行弧线、植物、联珠纹。身光边缘饰以火焰纹。迦叶居佛之左侧,赤足,立于覆莲座上。头残。左手下垂提一物,右手举胸前。内著僧祇支,外披袈裟,襟搭左肘上。阿难居佛之右侧,头残,双手持物置胸前。余同迦叶。左菩萨像,跣足,立于覆莲座上,头残。左手提桃状物置腹侧,右手残。上袒,下著裙,裙带下垂。肩上有圆饰物,帔巾交叉于腹部。火焰宝珠形头光,无纹饰。右菩萨像头残,左手持物举胸前,右手持物下垂。帔巾于腹部交叉穿壁。余同左菩萨像。正壁佛坛前左右各刻一狮,翘尾,身躯向外侧,昂首向内作反顾姿态。

北壁中央刻一盝拱帷幕大龛,周雕小龛。帷幕龛内造像一铺五尊,坐佛居中,左右弟子侍立,外侧为胁侍菩萨。龛外两侧各雕一力士像。拱楣中央梯形状壁面残破,两端菱形格上刻相对飞舞的飞天二身,下刻一莲花化生童子。菱形格外侧上部刻维摩、文殊像;下部各刻一思维菩萨像。左菩萨像下刻一身涅槃像和一小龛像,右菩萨像下刻两小龛像。拱楣上部自上至下为垂幔,中刻一兽头,上下两排小千佛,并各以联珠纹相隔。

南壁同北壁。以盝拱帷幕大龛为中心,周围遍刻小龛。

窟内前壁门上及两侧密布小龛造像。

造像题记多为北魏正光、孝昌纪年,故俗称"魏字洞"。造像纪年最早的是正壁左菩萨外侧的正光四年比丘尼法熙龛。

一四、唐 字 洞

约北魏末期开窟并造前部窟檐,至初唐续造龛像。

平面呈长方形,窟顶微曲。高3.85米,宽4.22米,深3.18米。

窟口外壁窟额凿作屋檐形。正脊两端鸱尾上翘,中央刻一展翅欲飞的金翅鸟,前面坡下凿出瓦垄,屋檐前伸,下凿出椽。门高2.25米,宽1.45米,深0.85米。周围散刻若干小龛,大多为魏龛。窟门北侧有一螭首碑,即该窟之营造碑。今存文字为唐人所刊,惜已漫漶,难以辨识。

窟口前壁两侧中上部及窟门上方,散刻部分魏龛,南侧有西魏大统七年(公元541年)沙门法璨造像一龛,余皆为初唐时的造像龛。

一五、药 方 洞

北魏孝庄帝永安三年(公元530年)以前开凿。

平面呈方形,窟顶微曲。高4米,宽3.67米,深4.40米。

窟口外壁两侧,各雕一竹节状八角束腰莲柱,其外侧各雕一力士像,柱头间刻尖拱形窟楣。其上部刻一覆莲宝珠,拱端上部各雕一侏儒。侏儒共抬一螭首碑,无龟趺。碑面所刻"究竟庄严安乐净土成佛铭记",为唐永隆二年(公元681年)刊刻。该碑两侧二力士像的上方,各雕一飞天。飞天各持一物,双手高举,俯倾飞下,飘带自胸后向上转折翻扬,犹如从天而降[14]。门高2.60米,宽1.77米,深0.75米。

窟门通道北拱壁外上方,有一北齐武平六

年(公元575年)镌刻的"都邑师道兴造像碑"⑮。此外,通道左右拱壁皆刻药方,应属初唐时所刻⑯。

药方洞外壁现存最早的造像,为唐代永徽四年(公元653年)的造像龛⑰。

窟顶中央为一朵两重莲花,两侧各雕二身飞天。

正壁造像一铺五尊,主像跏趺于方座上。身躯粗壮,造型敦实厚重。头作肉髻,颈粗,刻横纹三道。鼻短而翼宽,眉梢低垂,面形浑圆,脸平颐突。挺胸腹,两肩较齐平。左手伸拇、食指,置于左膝;右手平伸,手指断残。内著僧祇支,裙带作结下垂,身披袈裟,胸侧及肩披衣纹施以弧线,较写实。垂裙前压佛座,呈弧线或稀疏之羊肠纹饰。倚座中央刻一香炉,两侧各施一狮。主像背光呈舟形,外缘饰以火焰纹,头光内层刻莲瓣一匝,外层刻忍冬纹,中雕七佛,其两侧均有胁侍像。二弟子像面平而方,两颐突出,肩平,双手合十,披袈裟。其中迦叶头残。二菩萨像头残,挺胸,腹少曲线,身躯粗壮。一手提净瓶,一手持物上举。头戴冠,宝缯长。颈粗,刻横纹。肩宽平,面方颐突。颈施项饰,肩挂璎珞,中有方壁,帔巾于腹、膝部横穿两道。头光为火焰宝珠形,内施莲瓣一匝,外刻火焰纹,中间雕方形及菱形图案。

正壁五尊像的造型及服饰,已不同于北魏时习见的风格,而与响堂山石窟的北齐造像基本相似。因此,药方洞正壁的造像,有可能是北齐时期所雕造⑱;近年来,也有人认为是隋至初唐时期的作品。此外,正壁现存的十个造像龛,皆为初唐时作。

北壁中央刻一尖拱帷幕大龛,其余皆为造像小龛。大龛尖拱龛楣线刻飞天,拱梁雕龙,拱端作反顾龙头,其上部左右角刻维摩文殊,尖拱上方悬挂帷幕,中央刻一兽头。龛门两侧凿成屋脊形,内造力士像。龛内正壁作佛坛,造像为释迦、多宝二佛。两侧各刻一弟子、一菩萨。坛基正面中央刻香炉,两侧各刻一狮。释迦、多宝像头残,细项,窄肩,平胸。左手皆伸置左足心上,右手展掌伸五指举胸前。皆著褒衣博带袈裟,襟搭左肘上,垂裙前压佛坛。弟子披袈裟,双手合十。菩萨均戴宝冠,上袒,下著裙,帔巾宽大厚重,交叉于膝下。双手持物举胸前。弟子、菩萨像可能为齐、隋间之作品。

大龛外侧上部有一北齐天保四年(公元553年)造像龛。唐代像龛约有四十多个。

南壁中部亦凿一大龛,形制同于北壁,唯佛坛正面不刻香炉、狮子。龛内造像为一佛、二弟子、二菩萨像(菩萨头均残)。佛像面长,颈长,其余皆同于北壁龛像。弟子与菩萨身躯修长,菩萨帔巾于腹部交叉并穿一壁。该龛的雕造年代略早于北壁大龛,可能在北魏末期。

该壁内侧上角刻一龛,是药方洞现存最早的造像龛,系北魏永安三年(公元530年)李长寿妻陈晕造释迦像龛。南壁外侧上方有北齐天保四年(公元553年)龙花寺僧造像一龛。唐代像龛约有三十多个。

前壁现存最早的造像龛有两个,均在窟口北侧,一个是北魏普泰二年(公元532年)清信士路僧妙造释迦像龛,另一个是北魏永熙三年(公元534年)清信女孙姬造释迦像龛。前壁门额上及南侧,约有十多个北魏像龛,均无纪年,门额上都有一单层圆拱三相轮塔形龛,内刻二佛并坐像,佛坛前有陛阶。此种形制甚为特殊。龛内佛像敦实丰腴,面相丰满圆润。这种形制同响堂山属北齐雕凿的第七窟的窟额上之塔形龛极相似,可能也为北齐时期的作品。

全窟共有择隙而增刻的唐代小龛多达二百二十多个。

注释

⑭ 根据考察,左右力士的衣角和飞天的飘带,均与八角束腰莲柱相接处浑为一体,说明窟门外壁崖面所雕凿的二力士、二莲柱、二侏儒、二飞天和摩崖螭首碑,应是同一时间所完成。

⑮ 该碑外侧,被窟口之八角束腰莲柱十分整齐地切去一部分,致使该碑左右不均衡。这一情况说明,八角束腰莲柱为后代改凿,即莲柱的刻制年代,应在北齐武平六年镌刻的"都邑师道兴造像碑"之后。

⑯ 关于药方的刻制年代,有三说。一为北齐说,见王昶:《金石萃编》卷三十五,清刊本;关百益:《伊阙石刻图表》上册,民国二十四年,河南博物馆版;龙门文物保管所:《龙门石窟》,一九六〇年,文物出版社版。二为唐代说,见范行准:《两汉三国南北朝隋唐医方简录》,《中华文史论丛》一九六五年第六辑,中华书局版。三为北齐至唐代说,见丁明德:《洛阳龙门药方洞的

273

石刻药方》，《河南文博通讯》，一九七九年第二期。经我们多次考察，应属初唐时所刻，详见拙作：《我国现存最早的石刻药方》，载《中华医史杂志》，一九八一年第四期。

⑰ 这又说明，上述的八角束腰莲座、力士像等的雕刻年代，可能在唐代永徽四年以前。

⑱ 李文生：《龙门石窟药方洞考》、《中原文物》，一九八一年第三期。

一六、天 统 洞 [19]

约北魏晚期开凿。

平面中部前呈长方形，正壁设佛坛，造像一铺五尊，顶略呈长方形。高2.51米，宽2.90米，深3.84米。

前壁崩坍，窟门残存。高1.70米，宽1.24米，深0.77米。

窟顶刻一莲花，两侧各配三身飞天。上身袒露，下著长裙，不露足。戴圆项饰，肩饰圆形纹饰，披飘带。

正壁佛坛高0.72米，长2.98米，深0.60米，坛上主像结跏趺坐。像高1.43米，肩宽0.58米，胸厚0.32米。头呈高肉髻，脸长清瘦，颈细长，肩削窄。左手屈食指展掌平伸，手心向前，右手屈中指与无名指展掌平伸，手心向前。内著僧祇支，裙带作结下垂，身披褒衣博带袈裟，襟搭左肘上，衣摆前垂遮压佛坛。头光内饰莲瓣一匝，中刻同心圆，外雕二方连续忍冬纹。舟形背光，直抵窟顶，内层施并行弧线，外刻火焰纹。迦叶居佛之左，头、足均残。双手置胸前，披袈裟。左菩萨跣足立覆莲座，头残。左手持宝珠下垂，右手举胸前，已残。上袒，下著裙，裙带作结下垂。长发垂肩，宝缯下垂，戴尖项饰。肩上饰以扁圆状物，璎珞和帔巾于腹部交叉并穿一璧。圆头光，刻同心圆。右弟子赤足立圆座，头残。双手置胸前，身披袈裟。右菩萨被盗，仅存火焰宝珠光残迹。

北壁共刻八龛，龛楣作尖拱形或屋形。屋形龛为庑殿顶，上有屋脊、鸱尾、瓦垄，下悬帷幔。檐下刻七佛，龛内一铺五尊像。佛居中，跏趺坐，作禅定印。

其左右两侧有弟子、菩萨像侍立。龛旁镌刻造像题记，为北齐天统四年(公元568年)所作。

南壁四龛，观其形制，为魏、齐年间的作品。

注释

⑲ 天统洞，因窟内北壁庑殿顶龛旁刻有"北齐天统四年铭记"，故名。

一七、六 狮 洞

约北魏孝明帝时期(公元516～528年)造。

平面呈方形，三壁设佛坛，窟顶微曲。高1.95米，宽1.90米，深2.50米。

外壁崩坍，门宽1米，深0.52米。

窟顶刻莲花，两侧各配三身飞天。

正壁佛坛高0.43米，长1.58米，厚0.41米。坛上一铺五尊像，主像跏趺于方座上。坐佛高1米，肩宽0.36米，胸厚0.13米。头残，窄肩。左手置左膝，右手举胸前。身披袈裟，襟搭左肘上，衣纹垂直并行。头光内层刻莲瓣一匝，中层刻同心圆，外层刻圆环，上雕十一身佛像。舟形身光，外缘饰以火焰纹。左迦叶头略长，窄肩，双手合十，身披袈裟。右阿难同于迦叶，双手合十持物。左菩萨双手合十，帔巾交叉于腹部。右菩萨同于左菩萨。弟子和菩萨像的头光皆为舟形。佛坛正面中央刻一宝珠，两侧各雕一狮。

正壁上方壁面刻维摩诘故事，其北维摩坐帐内，前侍一女，帐外闻法弟子数身；其南文殊坐帐内，身侧侍立一弟子，帐上方刻一飞天，帐后侍立一和尚。另有八身戴冠、穿袍服的贵族，三身持物，五身合十。下跪二身供养菩萨像，其间饰天花。

北壁佛坛造像一铺五尊，主像跏趺坛上。头残，左手置膝上，右手举胸前，余同正壁主像。左弟子披袈裟，双手合十持一物。右弟子头残，身披袈裟，双手合十。左右菩萨同于正壁。头光内刻同心圆，外饰忍冬纹。佛坛正面刻狮一对。

南壁佛坛造像一铺五尊，主像弥勒居中，交脚坐于佛坛上。头上部残，双手残(右手举胸前)，舟形身光已漫漶。二弟子像身披袈裟，双手合十持圆物，火焰宝珠头光。二菩萨像脸略长，双手合十。头戴高冠，尖项饰，帔巾交于腹部，舟形头光。佛坛正面刻一对狮子。

一八、 来思九洞[⑩]

约北魏孝明帝时期(公元516～528年)造。

平面呈长方形，正壁略呈弧形，设一坛，窟顶穹窿形。高1.37米，宽1.38米，深1.45米。

前壁崩坍残毁。窟门不存。

窟顶中央雕莲花，已风化，仅存残迹。二身飞天，相向飞舞。左持钹，右执笛。高髻，上袒，下著长裙。间饰流云。

正壁坛高0.25米，宽1.40米，深0.26米。坛上三尊像，释迦居中，结跏趺坐。坐像高0.99米，肩宽0.35米，胸厚0.15米。头漫漶，右肩残。左手屈无名指和小指平伸，掌心向前，右手残毁。内著僧祇支，裙带作结下垂，外披褒衣博带袈裟，襟搭左肘上。垂裙前压佛坛，衣褶呈羊肠状。头光内层施莲瓣一匝，中层刻同心圆，外层饰以二方连续忍冬纹。身后舟形背光，内刻并行弧线，外刻火焰纹。二弟子像身披袈裟，跣足，侍立坛上。左弟子左手置腹前，右手握莲蕾举胸前；右弟子左手持物举胸前，右手持物置腹侧。圆头光。正壁坛前面两侧各刻二身供养人像，作跪状。深目高鼻，颈粗壮。身披袈裟，双手合十，似西域胡人形象。

北壁内侧刻一菩萨像，赤足立于坛上。双手托莲置胸前。花瓣冠，两侧冠带下垂，长发垂肩。肩上有圆饰物，圆项饰。上袒，下著长裙，裙带垂至两足间，帔巾于腹部相交，肘部折角明显。菩萨头后施以火焰宝珠头光。左菩萨内侧刻一长茎莲花。该壁外侧刻一狮，面向窟内。前左爪直立，前右爪握一长茎莲翘起，后腿蹲卧。狮外上方刻礼佛图，前一身笼冠，著折领窄袖长服。中一身似戴笼冠，冠侧平伸一板状物，著圆领斗篷，领结下垂。后一身风化模糊，似有仪仗。

南壁内侧刻一菩萨像，头和冠风化，冠带下垂，肩上有圆饰物，长发垂肩，尖项饰。左手提物下垂，

右手举胸前。上袒，下著裙，帔巾十字交叉穿璧，肘部折角明显，肘外帔巾下垂。火焰宝珠头光。该壁外侧狮子崩坍不存。

窟内三壁刻有零星唐代小龛。

注释

⑳　来思九洞，位于古阳洞与药方洞之间。因该窟南壁内侧刻有"来思九造像铭"，故名。

一九、 古 阳 洞

北魏孝文帝至孝明帝时期(公元493～528年)建造。

平面呈长方形，窟顶为椭圆形穹窿顶，其上遍刻造像小龛，藻井无装饰。洞窟高深，类似莲花洞。高11.10米，最宽处6.90米，深13.55米。

正壁造像一铺三尊，主像释迦牟尼居中，跏趺于高佛坛上之方台座上。像高4.85米，肩宽2.40米，胸厚0.90米。高肉髻，额右部残破，面丰满修长，眉梢上斜，深目高鼻，嘴角下陷，重颏，颈直而长，胸平，两肩齐平。双手叠压置足上，作禅定印。著褒衣博带袈裟，肩披和胸侧衣纹呈垂直平行线，衣裙垂压台座，襞褶似羊肠状。舟形背光，直抵窟顶，内饰坐佛一匝，外刻火焰纹，头光为圆形，内施莲瓣一匝，外刻坐佛一圈。左右胁侍像跣足，立于覆莲圆座上。身高皆为3.70米。造像完好。头戴莲花宝冠，冠侧宝缯平伸如翅，下垂较长。眉梢上斜，深目高鼻，嘴角下陷，颈刻横纹，项饰悬铃、璎珞、帔巾交叉于腹部并穿一璧。上袒，下著裙，裙褶平行呈规则的阶梯状，下缘向外敞开，如八字形。两菩萨像手提净瓶，桃形物，臂戴钏，手穿镯。施以火焰宝珠头光，内层中央刻莲瓣一匝，中刻飞天一周，外缘施纤细的火焰纹。佛坛前左下方刻一狮，瘦劲挺立，身毛自背部左右分而后披，造型古拙。

南北侧壁的上层，共刻八个尖拱形大龛。龛楣种类多样，有刻有坐佛和供养菩萨像，有刻有天人手牵流苏。拱梁雕龙，中央双龙相对，拱端饰龙头反顾。龛门两侧刻龛柱，有的呈八角形，有的为束腰圆柱状。柱头上承龙头。柱身有的刻忍冬图案，有的刻

几何纹样,有的无雕饰。柱础有的刻出侏儒(或有的再于其下雕狮子),有的刻狮子。龛基下多刻香炉,两侧刻供养人,或刻有礼佛行列(如比丘法生龛)。龛内造像皆为一佛、二菩萨像。释迦牟尼佛居中,结跏趺坐。高肉髻,面容丰腴而略长,深目高鼻,嘴角下陷,颈细长,宽肩,胸突起,细腰。双手前后相并置足上,作禅定印。内著僧祇支,外穿袒右袈裟(唯北壁内侧一龛佛像身著褒衣博带袈裟),右肩微搭袈裟衣边,胸前襟边作折带纹,胸侧衣褶垂直并行,肩和腿部衣纹呈弧形阶梯状。龛内两菩萨像身躯修长而高大,上身后倾,挺腹,面部丰腴修长,颈细长。一手上举,一手提净瓶。上袒,下著裙,下摆向外敞开,无璎珞,帔帛交叉于腹部,有的穿于一璧。佛像身后皆有附在龛壁的舟形背光,饰火焰纹。中央为莲花头光,中心作莲瓣一匝,依次为坐佛一周,飞天一圈,其间饰以忍冬纹,联珠纹等。图案装饰华丽纤巧,纹样复杂细致。

南北壁中层共刻八个大龛,除南壁一尖拱盝顶帷幕龛,一尖拱帷幕龛外,其余皆为盝顶帷幕龛。盝顶中间部分,多刻伎乐天人,有的刻佛传故事,龛楣下悬挂帷幕,幕上饰口衔流苏的兽头。龛内造像多为一佛(或交脚弥勒)、二弟子、二菩萨(南壁一龛为释迦、多宝二佛并坐,左右二菩萨侍立)弥勒交脚倚坐狮子座,戴花冠,面丰腴而较长,窄肩,胸平颈细。戴项饰,下系铃。上袒,下著裙,帔帛十字交叉并穿璧。裙褶作规则并行线。身后呈舟形火焰纹背光。龛顶两侧大都刻维摩文殊问答像,构图简单。

南北壁下层共刻五个大龛(南壁二个,北壁三个)。除一为尖拱盝顶龛外,其余皆为盝顶帷幕龛。其龛制略同于中层盝顶帷幕龛。造像为一佛、二弟子、二菩萨、二力士像。北壁自外向内第二龛内刻小千佛,第一龛内正壁刻一优填王造像,其余壁面密刻小千佛。这两龛系北魏开凿,像为唐代续作。

古阳洞屋形龛共四个,两个位于南壁中层壁面内侧的两大龛之间。上下排列,上部为庑殿顶,下部为歇山顶。另外两个屋形窟,一个在窟顶的西南角,即元燮龛,为歇山顶;一个在窟顶的西北角,为庑殿式。屋形龛正上方起脊,两端鸱尾翘起,中央刻一金翅鸟。屋顶坡面,凿出瓦垄、椽子,两侧有垂脊。歇山顶还有戗脊。檐下有一斗三升和叉手。这些装饰,都

是北魏时期殿堂建筑的式样。

古阳洞壁面及窟顶,密雕大小佛龛造像,是龙门石窟中开凿年代最早、规模宏大的一座。出资凿龛的信士,作所造龛像旁刻有造像铭记。有名的龙门二十品,其中有十九品都刻在此窟两壁的中上部及窟顶上。

有关龙门二十品之名称,位置,年代和发愿人等列表于后:

北魏后期流行的瘦削型即所谓"秀骨清像"的形象,自景明以后臻于成熟阶段。古阳洞的造像,形体修长,两肩窄削,面相清瘦,眉目疏朗,额广颐窄。服饰开始摆脱贴体的样式,代之以宽袍大袖。立佛衣襟搭左肘上,坐佛垂裾前压佛坛,襞褶呈羊肠状纹饰。立佛和坐佛肩和胸侧的衣纹皆作垂直并行线。这种造像应是孝文帝改制、实行汉化政策、吸收南朝文化的结果。

古阳洞的雕饰,如龛楣、背光和头光,构图精美,丰富细密,简练朴实,是极富于变化的装饰纹样,反映了当时北魏的时代风格。

古阳洞原是一个天然溶洞。太和十七年(公元493年)以后,由于迁都洛阳。一批支持孝文帝迁都的王公贵族和高级官吏,随即集中于此地发愿造像。

正壁三尊大像和窟顶、两壁上层大龛中的造像,首先动工雕凿,年代当在太和十七年至二十二年之间,而讫工多在景明、正始之际,也即公元493年~507年的十几年时间里。其中上层大龛之上和大龛之间的太和年间的小龛,因工程量较小,故多在太和年间完成。两壁中层大龛像,仅北壁外侧第一龛(元祐龛)有纪年,为熙平二年(公元517年)。其它龛像,由考察得知,其中正始二年和正始二年前的龛像,均分布在两壁中层大龛之间或以上的壁面上,以下皆无。这一情况说明,两壁中层大龛像的开凿上限,一般不晚于宣武帝正始二年即公元505年,或者在其前;下限一般不晚于孝明帝熙平年间(公元516年~517年)。两壁下层大龛像全无纪年,一般开凿在熙平、神龟时期(公元516~519年)。北壁外侧两个大龛的龛形完成于北魏,而造像则为唐代续作。也有东魏天平、武定年间(公元534~550年)的小龛造像。西魏占领洛阳期间,也有零星龛像的开凿,

如正壁佛坛的南下方有大统六年(公元540年)平东将军造像龛。北齐造像仅见一例,位于北壁中层大龛外侧的第一、二龛间之碑上,为北齐武平二年(公元571年)龛。以后唐代续有小龛造像。

发愿人	位　置	年　号	公元	高(厘米)	宽(厘米)	备　注
元详	北壁尉迟碑上	太和二十二年	498	0.76	0.41	
尉迟	北壁魏灵藏碑上	太和十九年	495	0.64	0.33	旧称牛橛
慧成	北壁上层大龛东第一龛	太和二十二年	498	0.73	0.40	旧称始平公
解伯达	北壁魏灵藏碑上	太和十九至二十三年	495～499	0.11	0.33	
魏灵藏	北壁上层大龛东第二龛	太和末至正始末	493～508	0.72	0.40	
杨大眼	北壁上层大龛第三龛	太和末至正始末	493～508	0.76	0.40	
高树	北壁杨大眼龛楣右上方	景明三年	502	0.39	0.27	
惠感	北壁上层大龛东第三、四之间上方	景明三年	502	0.17	0.39	
一弗	北壁惠感碑右上方	太和二十年	496	0.11	0.32	
道匠	北壁高树碑上方	太和末至正始末	493～508	0.9	0.43	旧称大觉
郑长猷	窟顶东部偏东	景明二年	501	0.49	0.34	旧称云阳伯
马振拜	窟顶东部偏内	景明四年	503	0.47	0.34	
侯太妃	窟顶西部偏东南	景明三年	502	0.51	0.37	旧称贺兰汗
侯太妃	窟顶西部偏西	景明四年	503	0.24	0.39	
高太妃	窟顶西部偏东北	太和末至正始末	493～508	0.39	0.6	旧称孙保
元燮	正壁右菩萨头上部屋形龛下	正始四年	507	0.26	0.39	
元祐	南壁上层大龛西第一龛之左	熙平二年	517	0.36	0.36	旧称齐郡王
孙秋生	南壁上层大龛西第二龛之右	太和十七至景明三年	493～502	1.04	0.49	
法生	南壁上层大龛东第二龛龛基	景明四年	503	0.33	0.35	
慈香	老龙窝上方慈香洞正壁佛坛	神龟三年	520	0.38	0.38	

二〇、火烧洞

北魏孝明帝正光三年(公元522年)以前凿窟并造正壁三尊大像。

平面呈马蹄形,顶为穹窿形。该洞因岩石剥落或为雷火所击而崩坍,故窟顶及壁面龛像大部崩毁剥落。窟高10米,宽9.50米,深12米。

窟口门额为火焰纹尖拱形,中央依稀尚见一装饰图案,漶灭难识。拱端上角雕流云,中有天人乘龙形象。窟门方形,门楣下悬帷幕,高4.50米,宽4.45米,深0.60米。门左右两侧拱端下方,各雕一屋脊形浅龛,内均造力士像一尊。左侧力士因岩壁崩坍,仅存覆莲座。右侧力士存残躯,竖眉瞪目,身披飘带,交叉于腹前。

火烧洞破坏殆尽。从正壁遗存看,造像为一铺五尊。主像释迦居中,造像全残,面目全非,尚见残躯 趺方座上。双手置足,作禅定印。身著褒衣博带袈裟,胸侧、臂上衣纹呈并行阶梯状。佛座前方两侧各雕一狮。二狮全残,仅存北侧狮子外侧前后爪及南侧狮子前爪,南侧狮尾刻在佛座南侧壁面。佛座南侧前方有一溶洞,直通岩壁深处。二弟子像全残,仅存轮廓。赤足,侍立圆座上。唯右弟子像尚见袈裟,下摆向外敞开,呈八字状,衣褶平行呈阶梯状。二菩萨像皆残毁,仅存轮廓。跣足。立于重瓣覆莲座上。左菩萨裙下沿向外敞开。

北壁上、中部剥落残毁,下部并列开三个大龛。唯内侧第一龛残存龛楣,饰以帷幕、串珠纹饰,中央刻一兽头。三龛内皆为三面设坛,正坛上刻一佛、二弟子像,两侧坛上各造一菩萨像。第一、二龛主像倚坐,坛正面两端各刻一狮,龛底也施以莲花。两龛主佛双足皆踏莲花。第三龛主像结跏趺坐,龛底雕一朵莲花。这三大龛的主佛皆内著僧祇支,带结下垂,外披褒衣博带袈裟,胸侧及上部襞纹垂直并行,呈阶梯状。由第一龛主佛来看,面相丰腴而长,颈细长,无横纹,窄肩,胸平。圆头光,内层施莲瓣一匝,中层施以同心圆,外刻小坐佛和长茎莲花,背光内层刻并行弧线,中层刻长茎莲花,外层施以火焰纹。三龛弟子从遗存看,均身披袈裟,跣足侍立于坛上。三龛菩萨像,皆跣足侍立坛上。上袒,下著裙,肩搭帔帛,肘部折角明显。在三龛的龛外,唯第一龛外存右力士像残迹。力士左手置腹前,右臂毁。上袒,下著裙,身披飘带,肘部折角明显,施火焰宝珠头光。

南壁中部存有一残碑的下部,碑座宽1.95米,碑身宽1.30米。碑座及碑身下部各刻两排供养人,像侧皆有榜题。从造像式样和服饰来看,为北魏晚期至东魏间的作品。该壁外侧残存五个较大龛像,但残破较重,故不录。

四壁下部及窟门通道,遍刻造像小龛。有北魏正光三至五年(公元522～524年)的造像题记以及唐代题记。正壁南侧残存一造像记,记曰:

　　　　☒年七月十☒
　　　清信女佛弟
　　　子王妃胡智
　　　造
　　　像一躯愿国
　　　疆四海安宁
　　　常乐
　　　元善见侍佛
　　　元敬慈侍佛
　　　□仲华侍佛

此一题记,当是清河王亶胡妃的铭刻。元善见即亶子,亦即东魏的孝静帝。

关于**火烧洞**开凿的年代问题,它的正壁佛座南侧刻有一纪年的造像题记,文曰:"大魏正光岁次癸卯四月比丘僧安造释迦像记"。"正光岁次癸卯",即正光四年,公元523年。由此可知,火烧洞主尊佛像最晚也在正光四年竣工。据《魏书·释老志》记载,可推测宾阳中洞讫工于"正光四年六月己前",而火烧洞在窟形、正壁五尊像之配置、方形狮子座、服饰、雕刻手法等方面,正与宾阳中洞基本相似,由此可知,火烧洞与宾阳中洞大致为同一期所雕造。

二一　皇甫公窟

北魏孝明帝孝昌三年(公元527年)讫工。

平面呈正方形,正壁设佛坛,南北壁各开一大龛,平顶。高4.5米,宽7.25米,深6.3米。

窟口门额凿作屋形,正中起脊,两端鸱尾翘起,中央刻一金翅鸟,坡面凿瓦垄,檐下为尖拱火焰纹。上刻七佛,拱端上方各刻一伎乐天人,拱梁龙形,梁端饰反顾龙头。窟口两侧各刻一莲柱,中部束腰,并刻仰覆莲瓣。窟口外左右各雕一力士像。门高2.54米,宽1.97米,厚0.80米。

窟外南侧摩崖刻一螭首营造碑,为北魏孝昌三年九月十九日太尉公皇甫公石窟碑记。

窟顶刻莲花,周围绕以八身飞天。

窟底方形,四边饰重瓣莲瓣,中央为参道。参道两侧刻莲瓣,次外各雕三朵大莲花。

正壁佛坛高1.07米,宽4.76米,深1.30米。坛正面左右侧各刻一狮,前腿斜蹬,后腿蹲坐,身躯后倾,尾巴翘起,身毛自背部左右分向外披。坛上造像一铺七尊,主像释迦居中。结跏趺坐。身躯微向前倾,头残,窄肩,胸平。左手平伸六指置左膝上,右手平举胸前。服饰同于魏字洞主像,皆为北魏龙门之通式。二弟子像头残。弟子外侧各刻一菩萨像,头均残,身躯高。冠侧宝缯平伸如翅,后下垂。火焰宝珠头光。颈下刻尖项饰,手著钏。上袒,下著裙。右菩萨像帔巾交于腹部并穿一璧。坛上最外侧各刻一菩萨像,均半跏趺坐,内腿均倚座下垂,外腿均平置座上。内手皆抚外腿下部,外手皆支外膝上,贴身向上托腮,作思维状。宝缯平伸如翅,然后下垂,肩搭帔巾。主像身光作舟形火焰纹,头光莲花饰,外五道同心圆。头光与身光间饰以忍冬边饰。

北壁为一尖拱形大龛,龛楣饰七佛,其间刻供养菩萨像,拱端施反顾龙头,龛门两侧各刻一供养菩萨像。龛内为释迦、多宝像,并坐于须弥座上。多宝像头残毁。二佛像服饰皆同于正壁主像。二弟子像侍立于二佛之间,二菩萨像侍立于释迦多宝像外侧。弟子、菩萨像皆同正壁的胁侍。龛基浮雕礼佛图。

南壁为一盝顶天幕大龛,中央梯形格并刻五佛,其间有弟子、菩萨像。梯形两端菱形格内,各施莲花童子,拱端上方刻维摩文殊,拱梁下悬帷幕。龛门两侧各刻一供养菩萨。龛内造像一铺五尊,主像弥勒居中,跏趺倚坐于狮子座上。身躯向前微倾,头残毁。左手平伸,五指下垂,右手平举胸前,手臂断残。造像服饰、手法皆同于正壁。龛基也刻礼佛图一幅。

前壁窟门两侧各刻一龛，造像一铺三尊。主像居中，二供养菩萨双手合十侍立两侧，身躯皆修长，佛之背光为舟形火焰纹，其造型、服饰皆同正壁。

窟内仅有一唐代造像题记，位于窟门北拱壁上。

二二、 骁骧将军洞[21]

约北魏孝明帝时期(公元516～528年)造。

平面呈马蹄形，三面设佛坛，穹窿形顶。高1.63米，宽1.87米，深1.90米。

窟口外壁窟楣作火焰纹尖拱形，拱梁为一龙，两端作反顾龙头。窟口两侧，各置一力士像。北侧力士左手展掌置腰间，右手举胸前。上袒，下著长裙，肩披飘带。南侧力士左手举胸前，右手上举与肩齐，风化过甚，余同北侧力士。窟外下方北侧刻供养人，现存九身。身躯修长，笼冠，身著褒衣博带服装，身侧皆有榜题。其中能辨认的有"邑子骁骧将军李仲系"。门高0.98米，宽0.90米，厚0.22米。

正壁佛坛高0.28米，长1.53米，厚0.38米。坛基两端各刻一狮，坛上造像一铺五尊。主像居中结跏趺坐，像高1米，肩宽0.40米，胸厚0.5米。高肉髻，面修长，窄肩。左手展掌伸五指置膝上，右手展掌举胸前，已残，身披袈裟，衣下垂压佛坛。头光内刻同心圆，外刻波状忍冬纹。身光饰以火焰纹。二弟子像赤足，立于佛坛上。皆头残，双手合十，身披袈裟。二菩萨像跣足，立于佛坛上。上袒，下著裙，帔帛交叉于腹部。左菩萨左手持物下垂，右手举胸前。右菩萨左手持物下垂，右手握莲蕾举胸前。弟子和菩萨头光皆饰以火焰宝珠纹。

北壁佛坛造像一铺五尊，主像居中，头、胸皆残，腹以下残。头光和身光剥蚀风化。左手置腹侧，右手展掌举胸前。内著僧祇支，带结下垂，身披袈裟，襟搭左肘上。二弟子像风化严重，双手持物置胸前，身披袈裟。二菩萨像风化剥蚀，头光模糊。右菩

萨左手展掌置腹侧，右手持莲蕾举胸前。

南壁佛坛造像一铺五尊，残破严重。主像右手展掌置胸前，冠上右侧宝缯平伸如翅，可知此像为菩萨装的弥勒像。二弟子像跣足，立于佛坛上。右弟子双手持物置胸前，余皆风化。左菩萨像残破严重，右菩萨像脸修长，颈戴尖项饰，双手合十，肩搭帔帛于腹部。上袒，下著裙。此壁头光、身光皆风化剥蚀。

注释

㉑　骁骧将军洞，位于路洞北约15米处。因窟外下方北侧刻有"邑子骁骧将军"，故名。

二三、 地花洞[22]

约北魏孝明帝时期(公元516～528年)造。

平面呈正方形，三壁设佛坛，穹窿形顶。高1.52米，宽1.54米，深1.40米。

窟口外壁上部崩坍过半，风化严重，无可辨识。门宽0.88米，深0.10米。

窟顶前半部崩坍，仅存莲花、图案边饰及二身飞天。

窟底正方形，中心刻一朵精美的莲花，四角浮雕图案。

正壁佛坛高0.35米，长1.43米，厚0.18米。坛上造像一铺五尊，主像居中跏趺坐。像高0.75米，肩宽0.29米，胸厚0.11米。头有肉髻，宽肩，胸厚。左手展掌伸五指下垂腹侧，右手展掌上举胸前。内著僧祇支，带结下垂，身披袈裟，襟搭左肘上，衣裙垂压佛坛。佛坛正面中央刻一宝珠，两侧各刻一狮。右弟子披袈裟，双手持物合十。左弟子身残。左菩萨残破。右菩萨身躯修长，左手持莲蕾举胸前，右手持飘带下垂，肩搭帔帛。坐佛头光内层刻同心圆，外层刻植物图案。身光内层刻并行弧线，中层刻装饰图案，外层刻火焰纹。正壁上方刻维摩诘故事像。

北壁佛坛造像一铺五尊，主像释迦居中，跏趺坐上。头失，宽肩，胸较厚。左手下垂，右手举胸前。内著僧祇支，身披袈裟，前襟搭左肘上，垂裙前遮佛坛。左菩萨残存腹下部分。右菩萨头失，皆跣足立圆座上，肩搭帔帛交于腹部，双手合十。左弟子残失。

右弟子身披袈裟。坐佛头光内层饰同心圆,外层刻波状忍冬纹。身光内刻并行弧线,中施单叶忍冬纹,外刻火焰纹。弟子头光呈圆形,菩萨为火焰宝珠光。

南壁佛坛造像一铺五尊。主像居中,结 趺于座上,作禅定印。余同北壁。二菩萨头像均失,跣足,立于佛坛上。身躯修长,肩宽,胸厚,双手合十,尖项饰。上袒,下著裙,帔帛于腹部穿一璧,火焰宝珠形头光。左弟子像赤足,立于佛坛上,左手举胸前,右手上举同肩平,身披袈裟。右弟子残毁。

注释

㉒ 地花洞,位于路洞北上方。因窟内地面刻有一朵精美的莲花而命名。

二四、 路洞

约北魏晚期开窟,正壁坛上诸像及两壁列龛造像的雕造不晚于东魏孝静帝元象二年(公元539年)。

平面呈方形,正壁设佛坛,穹窿形顶。高4.20米,宽4.26米,深5.27米。

窟口外壁窟楣浅刻尖拱火焰纹,拱端各刻一龙,呈俯冲状。双龙相对,口含拱梁。窟口北上方崩坍,故北侧龙已失。尖拱上方似刻一金翅鸟,拱端上方的浮雕,今已难辨。窟口北侧崩坍,北侧力士已失。南侧力士面向窟门,仅存身躯,跣足,立于门侧。头残,圆头光。左手展掌置胸前,右手难以辨识。上袒,下著长裙,门高2.50米,宽1.85米,深0.45米。

窟门通道南侧拱壁刻一供养人,高螺髻,面容清瘦略长。身披方领袈裟,双手合掌持一幡,神情宁静,作供养状。

窟顶中央刻莲花,四周密刻闻法比丘像。

正壁佛坛,高0.87米,宽4.24米,深1.25米。坛基中央刻香炉,两侧各刻一狮。坛上作一帷幕龛,楣下悬挂帷幕,并饰以流苏、锯齿纹。龛内造像一铺七尊,为一佛、四弟子、二菩萨。主像居中, 趺于须弥座上。像高1.56米,肩宽0.80米,胸厚0.30米。 头、手均残, 身躯尚存。 内著僧祇支,裙带作结下垂,身穿敷搭双肩式袈裟,垂裾前压须弥座。身负舟形火焰背光。左侧二弟子像全残,菩萨仅存残躯。右弟

子残毁一身,另一身头被凿去,尚存身躯。菩萨头失,存残躯,尖项饰。上袒,下著裙,身披璎珞和帔帛。帔帛下端宽厚,有下坠之感。

南北壁上层共刻七个歇山顶殿堂,下雕高台基。正脊两端鸱尾翘起,屋顶凿出瓦垄,坡面两侧有垂脊、戗脊。檐下一斗三升,叉手,四柱。无墙壁。四周有陛阶、扶梯。北壁殿堂内造像为一佛、二菩萨像,两侧刻供养菩萨数身。南壁殿堂内造像为一身佛像,两侧各刻供养菩萨若干身。殿堂内佛像皆作 趺坐,高肉髻,面较长,窄肩,双手置足上,作禅定印。内著僧祇支,外披褒衣博带袈裟,衣纹垂直平行线。菩萨皆身姿修长,面略长,多数双手合十。头戴发髻冠,身披帔帛并交于腹部。

南壁内侧刻一降魔变图像。释迦端坐中央,周围刻怖佛的魔众,手持各种武器,张牙舞爪,向释迦威胁、恫吓。这是龙门石窟唯一的降魔变浮雕故事像,惜已风化剥蚀。

南北两壁下层各刻四个浅龛,龛内造像多为一佛、二弟子、二菩萨像。佛皆 趺坐,内著僧祇支,裙带作结下垂,身披褒衣博带袈裟,下摆衣纹呈羊肠状。背光皆为火焰舟形纹,其两侧刻莲花和树木。

壁脚各刻五身神王像,残破严重,大多已模糊不清。

前壁南侧,下部刻一夜叉,已模糊不清。其上绕窟门边刻伎乐一行,天衣飘带,各执乐器。

路洞现存有纪年的造像题记为:东魏元象二年(公元539年)、武定七年(公元549年),北齐天保元年(公元550年)、天统元年(公元565年)、武平三年(公元572年)等。由此推定,既有小龛造像,必先有洞窟的开凿,继而造正壁佛坛诸像。所以,路洞的开窟造像,最晚亦在东魏元象以前即北魏晚期至东魏天平之间。

实 测 图

龙门北朝石窟总平面图

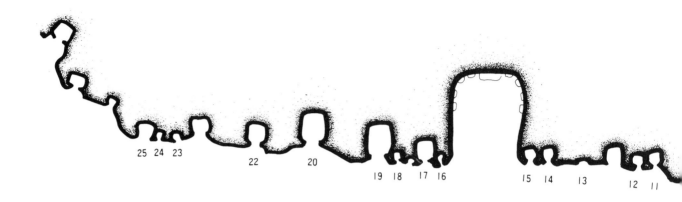

宾阳三洞平面图

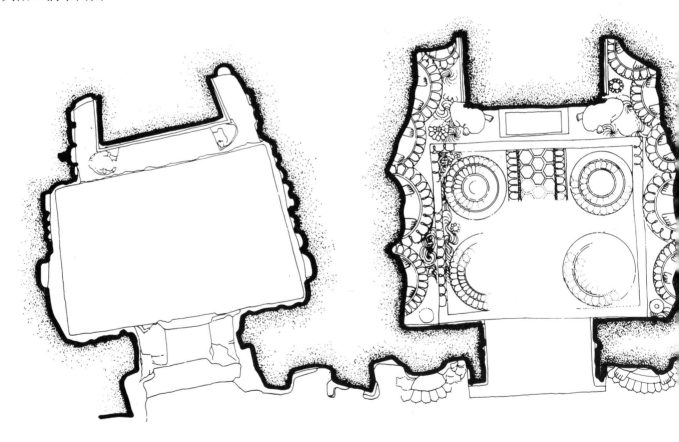

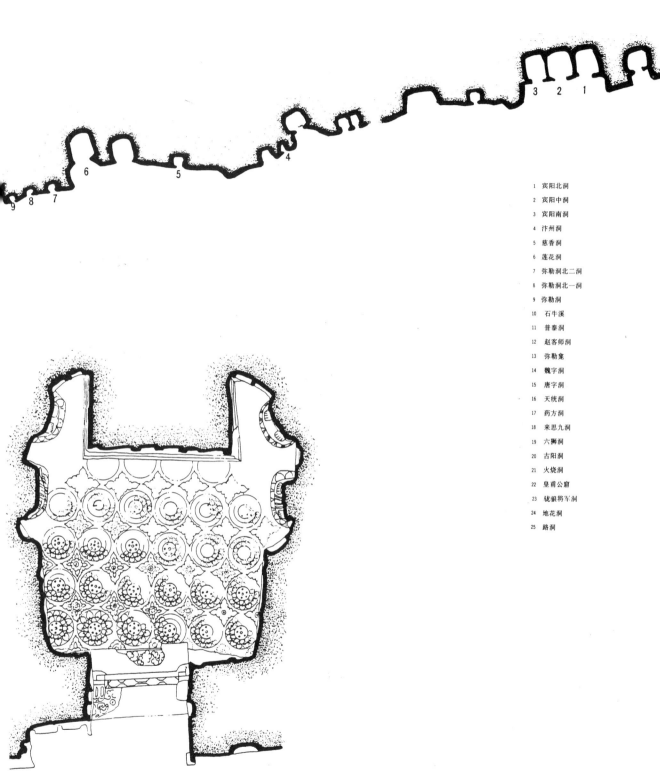

N

1	宾阳北洞
2	宾阳中洞
3	宾阳南洞
4	汴州洞
5	慈香洞
6	莲花洞
7	弥勒洞北二洞
8	弥勒洞北一洞
9	弥勒洞
10	石牛溪
11	普泰洞
12	赵客师洞
13	弥勒龛
14	魏字洞
15	唐字洞
16	天统洞
17	药方洞
18	来思九洞
19	六狮洞
20	古阳洞
21	火烧洞
22	皇甫公窟
23	驼跟将军洞
24	地花洞
25	路洞

0   5 m

宾阳中洞正壁立面图

宾阳中洞正壁主像等值线图

宾阳中洞南壁立面图

宾阳中洞北壁立面图

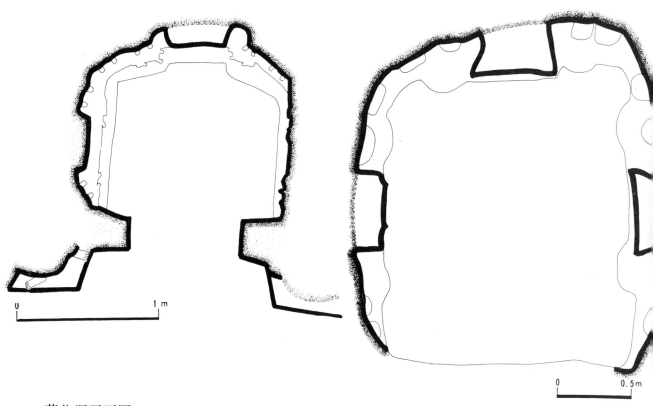

汴州洞平面图

慈香洞平面图

0   1 m

0   0.5 m

莲花洞平面图

普泰洞平面图

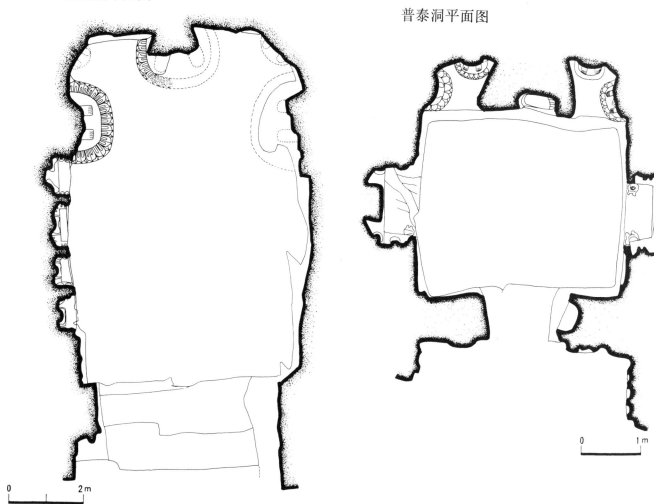

0   2 m

0   1 m

唐字洞平面图　　　　　　　　　　　　　　　　赵客师洞平面图

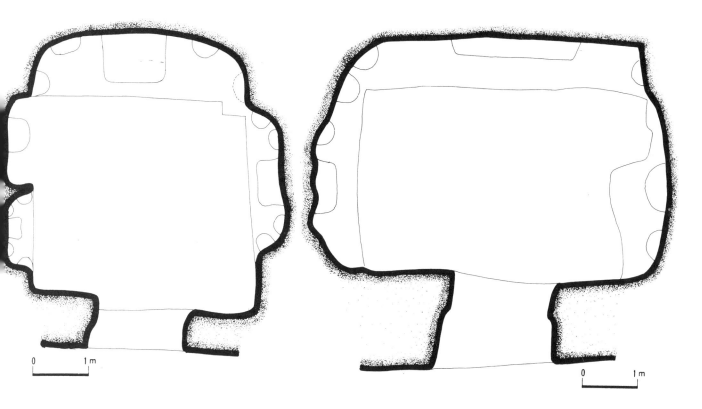

0　　1 m

0　　1 m

药方洞平面图

魏字洞平面图

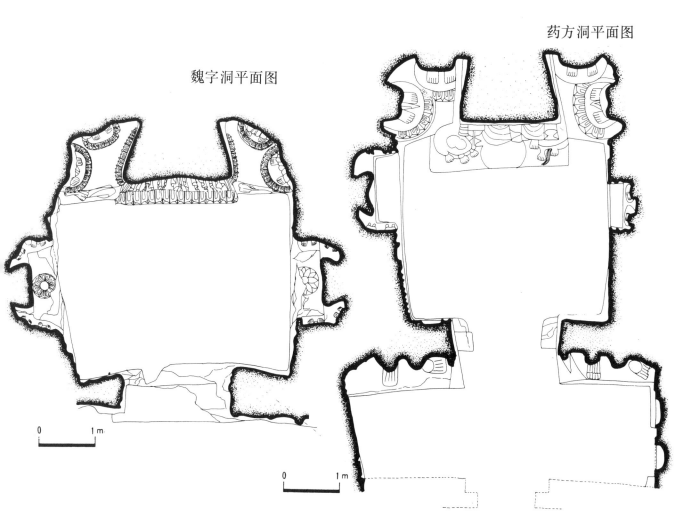

0　　1 m

0　　1 m

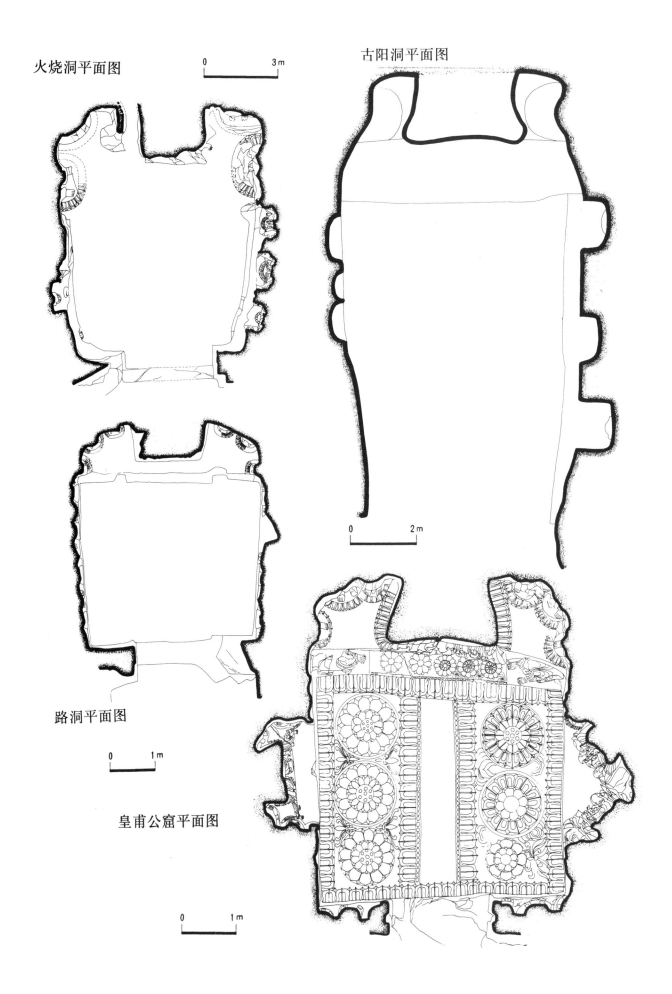

火烧洞平面图

0   3m

古阳洞平面图

0   2m

路洞平面图

0   1m

皇甫公窟平面图

0   1m

龙门石窟　第1卷

著　者

温玉成(龙门文物保管所副研究馆员)

宿白(北京大学教授)

马世长(北京大学副教授)

李文生(龙门文物保管所副研究馆员)

摄　影

王梦祥(广西壮族自治区博物馆)

郭群(南京博物院)

作　图

城乡建设环境保护部综合勘察研究院/文化部文物保护科学技术研究所(实测图—立面图、等值线图)

白朴/杨华/默之

提　供

张丽明/王洁/俞永炳/赵青兰/曹社松/陈悦新(实测图—平面图)

常青/贺志军/赵青兰/田凯(插图)

冯永泉(插图摄影)

李宗才(地质图)

周超(航空摄影)

装　帧

仇德虎

编　辑

黄逖(文物出版社)

山本恭一/林屋祥一(平凡社)

再版编辑　王　戈
责任印制　陈　杰

图书在版编目（CIP）数据

龙门石窟．一／龙门文物保管所，北京大学考古系
编．—北京：文物出版社，1991.3（2021.6 重印）
（中国石窟）
ISBN 978－7－5010－0265－8

Ⅰ.①龙…　Ⅱ.①龙…　②北…　Ⅲ.①龙门石窟—介
绍　Ⅳ.①K879.23

中国版本图书馆 CIP 数据核字（2016）第 132223 号

中国石窟

龙门石窟

第一卷

编　者　龙　门　文　物　保　管　所
　　　　北　京　大　学　考　古　系
出版发行　文　物　出　版　社
（北京东直门内北小街 2 号楼）
邮政编码　100007
http：//www.wenwu.com
E-mail：web@wenwu.com
图版印刷　文　物　印　刷　厂
文字印刷　河　北　鹏　润　印　刷　有　限　公　司
经　销　新　华　书　店

开本 965×1270　1/16　印张 18.25
1991 年 3 月第 1 版
2021 年 6 月第 4 次印刷
ISBN 978－7－5010－0265－8　定价：250.00 元